KB260800

집착할 것이 없어 행복하다

묘원

행복한 숲

머리글

나는 어디서 왔는지 모르며 어디로 갈지 모릅니다. 다만 확실한 것은 언젠가 이번 생을 마쳐야 한다는 사실입니다. 생을 마칠 때 내 가족과 소유물을 모두 그대로 두고 떠나야 합니다. 한때의 영광도 물거품 같은 것이며 아름다운 추억도 허공으로 날려 보내야 합니다. 이처럼 가진 것을 모두 두고 떠나야 함에도 불구하고 아직도 감각적 욕망을 집착하여 괴로움에서 벗어나지 못하고 있습니다.

이런 괴로움이 싫어서 위빠사나 수행을 시작했습니다. 그런 뒤에 내가 어디서 온 것이 아니고, 어디로 가는 것이 아니라는 것을 알았습니다. 단지 과거의 원인으로 인해 현재의 결과로 왔으며, 다시 현재의 원인 때문에 미래의 결과로 간다는 사실을 알았습니다. 모든 것이 원인과 결과라고 알고 나니 의문이 풀렸습니다, 그리고 그 원인이 모두 내가 일으킨 것이라고 알아서 남을 원망하는 마음도 사라졌습니다. 이렇게 수행을 하다 보니 나중에는 원인을 일으킨 나도 없고 단지 그 순간의 몸과 마음만 있다고 알았습니다. 그래서 내가 가는 것이 아니고 단지 과보가 상속된다는 것을 알아 과거보다는 덜 괴롭습니다.

하지만 아직 완전한 지혜가 난 것은 아닙니다. 이런 지혜가 있을 때는 집착을 하지 않지만 지혜가 사라지면 '나'라고 하는 자아가 생겨 즉시 집착을 하고 분노의 불길에 휩싸입니다. 그래서 끊임없이 좌절하고 또 끊임없이 알아차립니다. 좌절하는 시간과 알아차리는 시간에 따라 불행과 행복을 함께 경험하고 있습니다.

이 좌절이 언제 끝날지 모릅니다. 그래서 쓰러졌다가 다시 일어나서 알아차립니다. 그리고 다시 쓰러지지 않기 위해 노력하지만 살아온 세월의 습관은 항상 저를 압도하여 또 집착을 하고 쓰러져서 좌절을 합니다. 이런 과정에서 조금 더 분명히 알게 된 것이 있습니다. 좋은 일도 집착해서는 안 된다는 것입니다. 좋은 일이라는 명분으로 집착을 하면 나쁜 일과 똑같은 결과가 있음을 알았습니다.

이런 좌절과 알아차림 속에서 매일 옹달샘 글을 쓰고 있습니다. 이 글은 저의 고뇌며 희망의 출구이기도 합니다. 고뇌에는 반드시 출구기 있습니다 그래서 작지만 제가 찾아 헤맨 출구를 함께 느껴 보고자 합니다.

이런 소망으로 일 년 동안의 조각들을 모아 책으로 펴내
게 되었습니다.

함께 실린 사진은 뉴질랜드와 호주를 여행하면서 찍은 사
진입니다. 풍광이 아름다워서 마음에 담아 두었습니다.

이 책은 신심 있는 수행자의 공덕으로 출판을 하게 되었
습니다. 책을 펴내도록 도움을 주신 수행자님께 감사드
립니다. 아울러 모든 수행자님께서 법의 품안에서 행복
하시기를 기원합니다.

묘원 합장

옹달샘

1

좋은 일을 하고 공덕을 바라면

탐욕의 잠재적 성향이 생긴다.
탐욕의 잠재적 성향이 충족되지 않으면
분노의 잠재적 성향이 생긴다.
그러면 어리석음의 잠재적 성향이 커져
자신의 괴로움을 키우고 타인과도 나쁜 결과를 초래한다.

1

사랑할 때 행복하다. 사랑의 온기가 있을 때 사랑하
라. 사랑의 온기가 없으면 사랑할 수 없다.

2

종교는 인간 위에서 군림하거나 인간을 속박하기
위해서 있지 않다. 종교는 인간을 행복하게 하고 자
유롭게 하기 위해서 있다. 그렇게 되려면 본능대로
사는 것보다는 본능을 알아차려서 스스로 보호해야
한다. 스스로 자신을 보호할 때 더불어 남도 보호한
다. 종교에 대한 바른 인식을 가져야 종교인의 역할
을 충실히 할 수 있다.

이 세상 사람들은 누구도 나를 이해하지 못한다. 사람들끼리는 각자의 견해가 있기 때문에 서로가 완전하게 이해할 수 없다. 사람이 아닌 정법만이 나를 이해한다. 내가 세상을 받아들이지 않고서는 세상이 나를 받아들이지 않는다. 정법만이 나의 모든 허물을 감싸준다. 정법에 귀의하려면 내가 정법에 맞추어야 한다. 정법을 내게 맞추어서는 정법이 될 수 없다. 정법에 귀의하려면 자신의 견해는 버리고 정법의 뜻을 따라야 한다. 정법은 정견, 정사유, 정어, 정업, 정명, 정정진, 정념, 정정이다. 정법은 알아차림이 있는 법이라서 항상 중도적인 시각을 갖는다. 그래야 어떤 경우에도 허물이 되지 않는 바른 삶을 살 수 있다.

4

좋은 일을 하고 공덕을 바라면 탐욕의 잠재적 성향이 생긴다. 탐욕의 잠재적 성향이 충족되지 않으면 분노의 잠재적 성향이 생긴다. 그러면 어리석음의 잠재적 성향이 커져 자신의 괴로움을 키우고 타인과도 나쁜 결과를 초래한다.

5

누구나 옳고 그름을 자기 기준으로 판단한다. 그러므로 통찰지혜를 가지고 판단하지 않는 한 올바른 기준을 갖기가 어렵다. 세상에는 잘못하고도 자기 입장만 내세우는 사람이 있고, 잘하고도 상대의 입장을 배려하는 사람이 있다. 그래서 바른 일에 대한 기준은 계율과 집중과 지혜인 팔정도에 근거해야 한다. 언제나 알아차리면서 하면 팔정도를 실천한다. 비난을 받는다고 다 나쁜 것은 아니며 칭찬을 받는다고 다 좋은 것은 아니다. 바른 일은 비난을 받아도 해야 하며, 바르지 않은 일은 칭찬을 받아도 하지 말아야 한다. 무슨 일이나 대상을 있는 그대로 알아차리면서 하면 무엇이 해야 할 일이며, 무엇이 하지 말아야 할 일인지 안다.

한순간을 알아차리면 한순간을 선하게 산다. 한순간을 선하게 살면 하루를 선하게 산다. 하루를 선하게 살면 일생을 선하게 산다. 시작은 지금 이 순간에 있는 몸과 마음을 알아차리는 것부터 해야 한다. 다음으로 알아차림을 지속해야 한다. 지속해야 지혜가 생긴다. 구슬이 있어도 꿰어야 보배다. 알아차림은 구슬이고 알아차림을 지속하면 보배가 된다. 모든 축복 중에서 알아차림이 최고의 축복이다. 모든 보배 중에서 알아차림이 최고의 보배다. 모든 자애 중에서 알아차림이 최고의 자애다. 붓다와 제자들이 설한 팔만 사천 법문을 하나로 줄이면 알아차림이다. 팔만 사천 법문은 사람들의 근기에 따라서 알아차리는 방법을 편 법문이다.

7

문제가 있는 곳에 답도 있다.

8

재생연결식을 원인으로 정신과 물질이 있다. 정신과 물질을 원인으로 여섯 가지 감각기관이 있다. 여섯 가지 감각기관인 눈, 귀, 코, 혀, 몸, 마음을 육입(六入)이라고 한다. 감각기관은 항상 감각대상과 접촉한다. 눈이 대상을 보고, 귀가 소리를 듣고, 코가 냄새를 맡고, 혀가 맛을 알고, 몸이 대상과 부딪치고, 마음이 생각을 한다. 감각기관이 감각대상과 부딪칠 때 감각기관이 밖으로 나가서 감각대상을 받아들이지 않는다. 감각대상이 감각기관에 와서 부딪쳐서 대상을 안다. 사진을 찍을 때 카메라의 렌즈가 밖으로 나가지 않고 피사체가 렌즈에 투사되어서 찍히는 것과 같다. 이처럼 위빠사나 수행은 여섯 가지 감각기관에서 대상을 알아차려야 한다.

붓다가 귀의처가 아니다. 붓다를 외운다고 해서 붓다에 귀의하는 것이 아니다. 붓다의 가르침에 대한 확신이 있어야 믿음이 생겨 수행을 한다. 법이 귀의처가 아니다. 붓다의 가르침을 외운다고 붓다에 귀의하는 것이 아니다. 붓다의 가르침을 실천해서 통찰지혜가 생겨야 번뇌로부터 자유롭다. 승가가 귀의처가 아니다. 스승을 만나고 수행처에 온다고 승가에 귀의하는 것이 아니다. 스승이 말하는 가르침의 내용을 실천하고 수행처의 규범을 준수할 때만 바른 길을 간다. 세 가지 보배인 불법승에 귀의하려면 삼보의 실재하는 의미를 새겨 수행을 해서 지혜를 얻어야 한다. 관념이 아닌 실재를 알아야 불법승 삼보에 완전히 귀의한다.

10

좋은 뜻으로 한 일도 균형이 맞지 않으면 뜻이 훼손
된다.

11

시간은 무덤이다. 시간은 모든 것을 덮어버린다. 무
덤은 사라져버린 흔적이다. 시간은 탄생이다. 시간
은 모든 것을 새로 일어나게 한다. 새로 일어난 것
은 일어난 순간에 사라져 흔적을 남긴다. 이미 지나
간 과거는 모두 흔적이다. 흔적은 실재가 아니다.
소멸해버린 흔적을 집착하면 어리석다. 초침처럼
빠르게 돌아가는 시간으로부터 자유로우려면 현재
의 몸과 마음을 알아차려야 한다. 그래야 바람처럼
스쳐 지나가는 시간으로부터 자유로울 수 있다.

많은 생명 중에서 사람으로 태어난 것은 매우 희귀한 일이다. 그러므로 사람으로 태어난 사명을 다해야 한다. 붓다의 법이 있는 시대에 태어난 것은 매우 희귀한 일이다. 붓다의 법은 매우 한정된 시대에만 존재한다. 스승에게 법을 배울 수 있는 기회는 매우 희귀하다. 누구도 붓다가 가신 길을 혼자서 갈 수 없으므로 반드시 스승의 가르침을 받아야 한다. 붓다의 법을 실천하여 도과를 얻는 것은 매우 희귀한 일이다. 궁극에는 열반을 성취하여 모든 번뇌에서 벗어나야 한다. 선업의 공덕이 많은 자는 희귀한 일을 실재로 바꾼다. 이제 사람으로 태어나고, 법이 있는 시대에 태어났으니 바른 가르침을 배워서 도과를 성취해야 한다.

괴로움은 자기 욕망이 충족되지 않아서 생긴 불만족이다. 하고 싶은 것을 하지 못해서 괴롭다. 하고 싶은 것을 하고 만족할 수 없어서 괴롭다. 하고 싶지 않은데도 해야 하기 때문에 괴롭다. 불가피한 괴로움이 있는 것을 아는 것이 고성제다. 괴로움은 없애려 하지 않고 그냥 받아들여야 한다. 괴로움의 원인이 갈애라는 것을 아는 것이 집성제다. 괴로움은 원인이 있어서 생긴 결과다. 괴로움을 소멸시키는 것이 멸성제다. 괴로움과 괴로움의 원인을 있는 그대로 알아차리면 소멸된다. 괴로움의 소멸로 이끄는 위빠사나 수행을 하는 것이 도성제다. 몸과 마음을 있는 그대로 알아차려야 괴로움이 소멸하는 열반에 이른다.

법 앞에 나를 내세워서는 법을 알지 못한다. 내가 있다는 유신견을 가지고 있는 한 바른 법을 알 수 없다. 자기 내면에 있는 대상이나 밖에 있는 대상과 마주칠 때 내가 없이 알아차려야 바른 법을 알 수 있다. 내가 있으면 대상을 바꾸려고 하거나 없애려고 하여 법의 성품을 알지 못한다. 내가 있으면 선입관을 가지고 좋거나 싫거나 무관심한 마음으로 하기 때문에 법의 성품을 알지 못한다. 대상에 개입하지 않고 분리해서 알아차릴 때만 고요함이 생겨 무상, 고, 무아의 지혜가 난다. 세 가지 지혜가 날 때까지 시간에 구애받지 말고 아무것도 바라지 말고 지속적으로 알아차려야 한다. 그래야 집착이 끊어져 최상의 행복을 얻는다.

15

피해야 할 것이 있고 피하지 말아야 할 것이 있다. 불선업은 피하고 선업은 피하지 말아야 한다.

16

이 세상에 저절로 된 것은 없다. 모든 것은 원인이 있어서 생긴 결과다. 모든 것은 홀로 있지 않고 더불어 있다. 사람은 저절로 생기지 않고 원인이 있어서 생긴 결과다. 사람은 홀로 있지 않고 가족과 사회와 함께 있다. 즐거움은 저절로 생기지 않고 원인이 있어서 생긴 결과다. 즐거움은 홀로 있지 않고 지혜와 함께 있다. 괴로움은 저절로 생기지 않고 원인이 있어서 생긴 결과다. 괴로움은 홀로 있지 않고 어리석음과 함께 있다. 모든 것이 원인과 결과에 의해 생긴 것이라고 알면 의문에서 해방된다. 모든 것이 더불어 있다고 알면 세상의 일에 관대해진다. 대상을 있는 그대로 볼 때만 의문에서 해방되고 세상의 일에 관대해진다.

수행자는 미래를 생각해도 안 되고, 과거를 생각해도 안 된다. 오직 현재의 몸과 마음에 집중할 때만 지혜가 성숙한다. 아직 오지 않은 미래를 생각할 때는 미래를 생각한 것을 알아차려야 한다. 이미 지나간 과거를 생각할 때는 과거를 생각한 것을 알아차려야 한다. 현재 여기에 있는 몸과 마음을 있는 그대로 알아차려야 한다. 몸과 마음을 알아차릴 때 여섯 가지 감각기관의 문들 중에서 마음의 문만 열어놓고 나머지 문은 닫아야 한다. 눈으로 볼 때, 귀로 들을 때, 코로 냄새를 맡을 때, 혀로 맛을 볼 때, 신체로 접촉할 때마다 모두 알아차리면 문을 닫는 것이다. 오직 대상을 아는 마음의 문만 열고 있는 그대로 알아차려야 한다.

18

선한 일을 하고 자기가 한 일을 자랑하지 말아야 한다. 당연히 해야 할 일을 하고 자랑을 하면 아직 완전하게 선한 일을 한 것이 아니다.

19

이기심으로 얻는 성공은 진정한 성공이 아니다. 나만 아는 행위는 불선과보를 받아 고통을 겪는다. 이타심으로 얻는 성공이 진정한 성공이다. 남을 배려하는 행위는 선과보를 받아 궁극의 행복을 얻는다. 이기심은 없애야할 대상이 아니고 단지 알아차릴 대상이다. 이기심을 알아차리면 이타심이 생겨 나와 남이 모두 행복해진다. 나만 아는 사람은 자신의 것도 지키지 못하며 남에게 피해를 준다. 남을 배려하는 사람은 자신의 것도 지키고 남에게 기쁨을 준다. 내 것만 아는 사람은 다른 것을 모르는 무지한 사람이다. 남의 것을 배려할 줄 아는 사람이 모든 것을 아는 지혜가 있는 사람이다. 알아차림 하나가 이기심을 이타심으로 바꾼다

모를 때는 몰라서 괴롭고 알 때는 알아서 괴롭다. 괴로움은 피할 수 없는 현실이다. 이것이 수행을 해야 하는 이유다.

감각적 욕망이나 극단적 고행으로는 괴로움에서 벗어나지 못한다. 오직 중도로써만 괴로움에서 벗어날 수 있다. 중도는 감각적 욕망이나 극단적 고행을 추구하지 않고 대상을 있는 그대로 알아차려서 얻는다. 즐거울 때는 욕망이 있는 것을 알아차려야 한다. 속박할 때는 분노하는 것을 알아차려야 한다. 대상을 있는 그대로 알아차려야 괴로움이 침투하지 못해 궁극의 자유를 얻는다.

22

옳은 것을 말하되 지나치게 옳다고 하지마라. 지나
친 것이 옳지 않은 것이다.

23

과거에 행했던 흔적이 그대로 현재의 몸과 마음에
나타난다. 현재의 몸이 건강하면 과거에 한 행위의
결과다. 현재의 몸에 병이 있으면 과거에 한 행위의
결과다. 현재의 마음이 즐거우면 과거에 한 행위의
결과다. 현재의 마음이 괴로우면 과거에 한 행위의
결과다. 현재의 행위가 그대로 미래의 몸과 마음에
나타난다. 현재의 행위가 바르면 미래의 몸이 병이
없다. 현재의 행위가 바르지 못하면 미래의 몸이 병
이 난다. 현재의 행위가 바르면 현재도 즐겁고 미래
에도 즐겁다. 현재의 행위가 바르지 못하면 현재도
괴롭고 미래에도 괴롭다. 모든 과거는 현재로 상속
되고 모든 현재는 미래로 상속되어 끝없이 윤회하
면서 지은 대로 받는다.

24

괴로움은 가슴에 느낌으로 나타난다. 괴로울 때 괴
로운 마음을 알아차린 뒤에 가슴에서 일어난 느낌
을 알아차리면 괴로움의 법을 본다.

25

관념이 아닌 것이 실재고 실재가 아닌 것이 관념이
다. 관념은 현재 있지 않은 것을 만들어서 본다. 실
재는 현재 있는 것을 있는 그대로 본다. 과거는 기
억이라서 실재가 아닌 관념이다. 미래는 상상이라
서 실재가 아닌 관념이다. 오직 현재만이 실재하
는 진실이다. 과거나 미래는 실재가 아니라서 진실
한 삶이 아니다. 오직 현재만이 실재라서 진실한 삶
이다. 과거는 지나갔고 미래는 오지 않았다. 궁극의
진실은 현재의 실재에만 있다. 관념에 사로잡힌 과
거나 미래는 나의 삶이 아니다. 오직 실재하는 현재
만이 나의 삶이다. 관념으로 살면 한번뿐인 소중한
인생을 살면서 자기 삶을 살지 못하여 진실의 눈을
뜨지 못하고 어리석게 산다.

죽은 뒤에 인간으로 태어나는 생명은 적고 거의가 지옥, 축생, 아귀, 아수라의 악처에 태어나 고통을 겪는다. 인간으로 태어나도 지혜를 가진 사람으로 태어나기 힘들고 거의가 어리석게 태어나 고통을 겪는다. 지혜를 가진 사람으로 태어나도 붓다의 정법을 만나기 어렵고 거의가 어리석게 살아 고통을 겪는다. 붓다의 정법을 만나도 도과를 성취하기 어렵고 거의가 윤회의 흐름에 들어 고통을 겪는다. 인간으로 태어난 소중한 인연을 그냥 보내지 말고 수행을 해야 한다. 수행을 시작 했으면 도과를 성취하여 윤회의 흐름에서 벗어나야 한다. 이렇게 되려면 몸과 마음을 알아차려서 무상을 안 뒤에 차츰 괴로움과 무아를 알아야 한다.

내가 없다는 것을 알았지만 두려움이 있으면 아직 완전한 지혜가 나지 않았다. 무아를 알았지만 두려움으로부터 자유롭지 못하면 아직 유신견이 잠재해 있어서 번뇌를 완전하게 불태우지 못했다. 내가 없다는 것을 알아서 집착이 끊어져야 완전한 지혜가 난다. 무아를 알아서 두려움으로부터 자유로워져 집착이 끊어져야 유신견이 소멸하여 번뇌를 완전하게 불태운다. 완전한 깨달음은 자아와 무아 사이에서 결정된다. 내가 있다고 생각하면 자신을 관념으로 본 것이다. 내가 없는 것을 통찰하면 자신의 실재를 본 것이다. 자아가 있으면 윤회를 계속해서 괴로움에 속박되지만 무아를 완전하게 알면 윤회가 끝나 해탈의 자유를 얻는다.

28

자신을 더럽히는 것도 자신의 마음이고, 자신을 정
화하는 것도 자신의 마음이다.

29

"당신을 사랑하기 때문에 내 기분이 좋다." 여기서
당신은 물질이고, 사랑은 인식과 행위고, 나는 아는
마음이고, 기분이 좋다는 느낌이다. 이때 다섯 가지
무더기인 오온이 모두 작용한다. 이러한 조건이 결
합하여 순간의 마음이 일어난다. 여기에 나의 마음
은 없고 감각기관이 감각대상과 접촉해서 아는 마
음이 일어난다. 이 마음은 일어난 순간에 사라지지
만 이 기분을 기억이 유지시킨다. 이것이 사랑의 진
실이다. 순간에 일어났다가 사라진 마음을 기억하
는 것은 실재가 아닌 관념이다. 이때 상대가 있는
것이 아니고 내가 있는 것도 아니고 순간의 마음이
사랑한다. 여기에 항상 하는 자아가 있거나 이것을
소유하는 나는 없다.

"당신을 미워하기 때문에 내 기분이 나쁘다." 여기서 당신은 물질이고, 미움은 인식과 행위고, 나는 아는 마음이고, 기분이 나쁘다는 느낌이다. 이때 다섯 가지 무더기들인 오온이 모두 작용한다. 이러한 조건들이 결합하여 순간의 마음이 일어난다. 여기에 나의 마음은 없고 감각기관이 감각대상과 접촉해서 아는 마음이 일어난다. 이 마음은 일어난 순간에 사라지지만 이 기분을 기억이 유지시킨다. 이것이 미움의 진실이다. 순간에 일어났다가 사라진 마음을 기억하는 것은 실재가 아닌 관념이다. 이때 상대가 있는 것이 아니고 내가 있는 것도 아니고 순간의 마음이 미워한다. 여기에 항상 하는 자아가 있거나 이것을 소유하는 나는 없다.

오온의 식은 마음이고 수, 상, 행은 마음의 작용이다. 마음은 마음의 작용과 함께 일어난다. 마음은 왕이며 마음의 작용은 신하다. 왕이 신하 없이 존재할 수 없듯이 마음은 마음의 작용이 없이 존재할 수 없다. 신하는 왕이 없이 존재할 수 없듯이 마음의 작용도 마음 없이는 존재할 수 없다. 마음은 단지 대상을 아는 기능을 한다. 마음의 작용인 느낌, 인식, 의도가 있을 때 마음이 이것을 안다. 그러므로 마음의 작용이 없으면 마음이 아는 역할을 할 수 없다. 또 마음의 작용도 마음이 없으면 일어나지 못한다. 마음의 역할과 마음의 작용의 역할은 다르다. 하지만 마음과 마음의 작용이 함께 기능을 해야 비로소 아는 마음이 일어난다.

옹달샘

2

꿈은 자신이 만든 또 다른 감옥이고

또 다른 해방이다. 꿈은 평소의 마음에서 나온다.
평소의 마음이 선하지 못하면 감옥을 만들고 선하면 행복을 만든다.

선하지 못한 일을 했을 때의 즐거움이 있고, 감각적 욕망이 충족되었을 때의 즐거움이 있다. 집중을 해서 고요해질 때의 즐거움이 있고, 대상을 있는 그대로 알아차렸을 때의 즐거움이 있다. 선하지 못한 일을 했을 때의 즐거움은 계율을 지키지 않을 때 생기는 즐거움이다. 감각적 욕망을 충족했을 때의 즐거움은 본능대로 살아서 생기는 즐거움이다. 집중을 해서 고요해졌을 때의 즐거움은 선정수행을 해서 생기는 즐거움이다. 있는 그대로 알아차려서 번뇌를 여의었을 때의 즐거움은 위빠사나 수행을 해서 생기는 해탈의 즐거움이다. 악하거나 선하거나 똑같은 즐거움이지만 악한 즐거움은 고통이 따르고 선한 즐거움은 행복이 따른다.

남을 사랑하는 마음이 있어야 자신도 사랑한다.

위빠사나 수행은 자기의 견해대로 보지 않고 있는 그대로 보는 수행이다. 자기 견해대로 보면 대상에 개입해서 보기 때문에 대상이 드러내고 있는 진실을 알지 못한다. 세상에는 자기가 알고 있는 것 이상의 실재하는 진실이 있다. 고정관념을 가지고 보면 이러한 진실에 접근할 수 없어 왜곡된 시각을 갖는다. 나는 무엇이 어째서 어떻다고 말할 때는 단지 자신의 생각일 뿐이므로 대상의 진실과는 거리가 있다. 있는 그대로의 사실을 보지 않으려고 부정하는 것은 유신견이며 외부와 단절된 성안에 사는 것이다. 바른 것을 보지 않으려고 거부하는 것도 자신의 선택이고, 있는 그대로 보아서 대상의 진실을 아는 것도 자신의 선택이다.

어리석은 사람은 자신이 어리석은지 모른다. 그래서 잘못을 저지르고 부끄러워할 줄 모른다. 부끄러움을 모르면 같은 잘못을 되풀이 한다. 지혜가 있는 사람은 자신이 어리석은지를 안다. 그래서 잘못을 저지르고 부끄러워할 줄 안다. 부끄러움을 알면 같은 잘못을 되풀이 하지 않는다. 부끄러운지 모르는 사람은 어리석어서 양심이 없다. 그래서 탐욕, 성냄, 어리석음으로 살아 괴로움뿐인 윤회를 한다. 부끄러운지 아는 사람은 지혜가 있어서 양심이 있다. 그래서 관용, 자애, 지혜로 살아 괴로움뿐인 윤회를 끝낸다.

세상은 두 개의 축이 서로의 방향으로 이끈다. 하나는 선한 축이고 다른 하나는 악한 축이다. 선한 축은 선한 자의 헌신적인 노력이 이끌어간다. 악한 축은 악한 자의 이기적인 노력이 이끌어간다. 선한 축의 힘이 강하면 세상이 평화롭지만 악한 축의 힘이 강하면 분열과 다툼이 있다. 두 개의 힘은 그냥 생기지 않는다. 선한 일에 열정적인 사람들의 이타적인 희생이 있어서 선한 힘이 생긴다. 악한 일에 빠진 사람들의 감각적 욕망이 있어서 악한 힘이 생긴다. 두 개의 축은 공존하지만 서로가 적대적이어서 결코 융합할 수 없다. 세상은 선하지 못한 힘이 승리하는 것 같지만 선한 힘이 승리한다. 선한 것 자체가 이미 승리이기 때문이다.

인생은 욕망의 장난이다.

자신의 것만 옳다고 주장하는 것이나 자신의 종교만 옳다고 주장하는 것은 같은 논리다. 자신의 종교만 옳다고 주장하시 않고 타인의 송교를 함께 존중하면 관념이 아닌 실재를 아는 지혜가 있다. 종교인이 다른 종교를 존중하는 마음을 가져야 인종적 편견, 지역적 편견, 사회계층의 편견, 남녀의 편견, 빈부의 편견, 미추의 편견, 학력의 편견. 기타의 편견으로부터 벗어날 수 있다. 그렇지 않다면 오히려 종교라는 이름으로 편견을 부추겨서 자신이나 사회에 해악을 끼칠 수 있다. 타인이나 다른 종교에 대해서 사랑과 평화를 실천하지 못한다면 바른 종교라고 할 수 없다.

글이나 말은 관념이고, 행위가 실재다. 훌륭한 글을 쓰고 훌륭한 말을 한다고 해서 반드시 훌륭한 것은 아니다. 훌륭한 행위를 해야 비로소 훌륭한 사람이다. 훌륭한 글과 말을 해도 행위가 바르지 못하면 진실한 것이 아니다. 글이나 말은 생각에서 나오지만 바른 행위는 지혜에서 나온다. 하지만 훌륭한 글을 쓰고 훌륭한 말을 하는 것은 현재는 그렇지 못하더라고 앞으로 그렇게 하겠다는 의지다. 이런 의지가 있어야 언젠가 그대로 실천할 수 있다. 그러므로 실천이 따르지 않은 훌륭한 글이나 말도 그대로 존중해 주어야 한다. 훌륭한 글이나 말을 하는 절반의 훌륭함이 있어야 언젠가 완전한 훌륭함이 있다.

명상은 현실을 받아들이는 지혜를 키운다.

자신의 청정함 없이 어떤 청정도 기대할 수 없다. 자신이 청정할 때만 가족과 사회를 청정하게 할 수 있다. 자신을 청정하게 하려면 먼저 몸과 마음을 있는 그대로 알아차려야 한다. 있는 그대로 알아차리려면 안팎에서 일어난 대상을 선입관 없이 알아차리려야 한다. 그리고 접촉하는 대상에 휩쓸리지 않고 대상을 분리해서 지켜보아야 한다. 이렇게 알아차릴 때만 마음이 균형을 이루어 번뇌가 침투하지 않는다. 번뇌는 자신의 내면에서도 일어나고 또 밖에 있는 수많은 대상으로부터도 온다. 그러므로 몸과 마음의 감각기관을 모두 알아차려야 완전하게 청정할 수 있다. 자신의 청정함 없이 어떤 행복도 기대할 수 없다.

헤어짐을 괴로워하지 마라. 서로의 인연이 다하여 헤어진 것이다. 인연이 다하면 누구나 예외 없이 헤어져야 한다. 짧은 인연을 길게 끌고 갈 수 없고, 긴 인연을 짧게 끌고 갈 수 없다. 모두 조건에 의해 만나고 조건에 의해 흩어질 뿐이다. 헤어짐을 괴로워하는 것은 기억을 집착하고 순리를 거스르는 것이다. 헤어짐의 슬픔을 겪지 않기 위해서는 어리석지 않게 살아야 한다. 헤어진 뒤에 괴롭고 슬픈 것은 어리석게 산 것을 후회하기 때문이다. 단 한순간의 만남이라도 진실해야 한다. 있는 그대로 알아차리면 진실하게 살아서 헤어져도 한이 없다. 진실이 없으면 좋은 만남도 안 좋게 끝난다. 진실이 있으면 안 좋은 만남도 좋게 끝난다.

43

꿈은 자신이 만든 또 다른 감옥이고 또 다른 해방이다. 꿈은 평소의 마음에서 나온다. 평소의 마음이 선하지 못하면 감옥을 만들고 선하면 행복을 만든다.

44

상대의 말을 모두 믿지 마라. 그렇다고 상대의 말을 모두 부정하지도 마라. 상대가 말하면 그냥 있는 그대로 들어라. 상대의 말은 상대의 것이지 나의 것이 아니다. 상대가 좋은 말을 하면 받아들이고 좋지 않은 말을 하면 그냥 들어라. 상대는 자신의 조건에 의해 말을 하고, 나는 나의 조건에 의해 들으면 된다. 말은 마음이 시켜서 하는데, 말을 하게 하는 마음은 매순간 변한다. 자신이 하는 말은 자신의 것이 아니고 순간의 마음이 할 뿐이다. 말할 때 자아를 가지고 말하고 들을 때 자아를 가지고 들으면 서로가 말에 걸린다. 상대가 자아를 가지고 말하더라도 내가 자아를 가지고 듣지 않으면 말로 인해 괴로움이 생기지 않는다.

45

자기가 아는 것만 집착하는 것은 또 다른 감각적 욕망이다. 더 높은 이상을 얻으려는 사람은 새로운 것을 거부하지 않는다. 자기가 아는 것만 집착하면 본능대로 사는 동물과 같다. 인간이 다른 생명에 비해 지혜로운 것은 새로운 세계를 향해 마음을 열기 때문이다.

46

정법 수행을 자신의 견해대로 왜곡하면 바른 것이 바르지 않게 된다. 견해가 바르지 못하면 바른 수행을 손에 쥐고도 삿된 것으로 변질시킨다. 바르지 못한 견해는 자신의 축적된 성향에서 나온다. 바른 축적된 성향을 만들기 위해서는 대상을 꾸미지 말고 있는 그대로 알아차려야 한다. 꾸미는 것에는 유신견과 감각적 욕망이 있어서 대상을 바르게 보지 못한다. 꾸미는 것 없이 있는 그대로 볼 때라야 비로소 바르게 본다.

47

진실하면 진실이 거짓을 이긴다. 진실하지 못하면
거짓이 진실을 이긴다.

48

신념이 진실을 결정한다. 어떤 신념을 가졌느냐에
따라 진실의 내용이 다르다. 잘못된 신념을 가지고
있으면 잘못된 것을 진실로 알고, 바른 신념을 가지
고 있으면 바른 것을 진실로 안다. 자기가 가진 신
념을 지나치게 확신하지 마라. 그러면 어리석은 사
람이다. 객관적 신념을 가져야 진실을 안다. 주관적
신념을 가지면 바르지 못한 것을 진실로 안다. 위
빠사나 수행은 대상을 객관적으로 알아차려서 바른
신념체계를 세워 진실을 본다. 자기 견해에 빠지지
않고 있는 그대로의 진실을 알기 위해서는 반드시
훌륭한 스승의 가르침을 배워야 한다. 자신의 선입
관을 가지고 대상을 보면 결코 사물의 바른 이치를
알 수 없다.

49

변하는 것에는 괴로움이 있고, 괴로움에는 자아가
없다.

50

죽고 싶어도 죽을 수 없고, 살고 싶어도 살 수 없다.
삶과 죽음은 조건에 의해 결정되지 자기 마음대로
되지 않는다. 죽고 싶어도 죽을 수 없으므로 이왕이
면 즐겁게 살아야 한다. 어차피 살아야 한다면 삶을
소홀히 하지 말아야 한다. 살고 싶어도 살 수 없으
므로 이왕이면 괴롭지 않게 살아야 한다. 어차피 죽
을 것이라면 죽음을 두려워하지 말아야 한다. 삶과
죽음은 흘러가는 물이나 스쳐지나가는 바람과 같
다. 흘러가는 물을 어떻게 할 수 없고 스쳐가는 바
람을 어떻게 할 수 없다면 있는 그대로 받아들여야
한다. 이것이 괴롭지 않고 즐겁게 사는 방법이다.
모든 현상을 있는 그대로 알아차리면 순리에 귀의
하는 깨달음을 얻는다.

관념은 대상의 내용이 아니고 겉으로 드러난 모양이다. 관념으로는 해탈의 문을 통과할 수 없다. 관념은 실에 있는 매듭과 같아 바늘구멍을 통과하지 못해 피안에 이르지 못한다. 실재는 대상이 가지고 있는 그대로의 사실이다. 실재하는 진실로써만이 해탈의 문을 통과할 수 있다. 실재는 실에 매듭이 없는 것과 같아 바늘구멍을 통과하여 피안의 세계에 이른다. 수행자가 번뇌를 억누르기 위해 대상의 모양에 집중할 때는 고요함을 얻어 번뇌를 잠재운다. 수행자가 번뇌를 말리기 위해 대상의 느낌에 집중할 때는 지혜를 얻어 번뇌를 불태운다. 번뇌를 억누르는 것으로 그치면 윤회하고, 번뇌를 말리면 윤회가 끝난다.

52

말이 가르침의 전부가 아니다. 모범적인 생활을 하는 것도 가르침이다. 말에도 훌륭함이 드러나 귀감이 되지만 모범적인 생활도 더 큰 귀감이 된다.

53

악한 마음은 악한 의도를 가지고 악한 행동을 한다. 악한 행동을 하면 악한 잠재성향이 생긴다. 악한 잠재성향이 생기면 더 악한 마음으로 더 악한 행동을 한다. 이것이 갈애로 인해 연기가 회전하는 윤회의 악순환이다. 선한 마음은 선한 의도를 가지고 선한 행동을 한다. 선한 행동을 하면 선한 잠재성향이 생긴다. 선한 잠재성향이 생기면 더 선한 마음으로 더 선한 행동을 한다. 이것이 갈애가 소멸하여 연기가 회전하지 않는 윤회의 출구다. 악한 마음은 어리석음으로 시작하기 때문에 알아차림이란 행위가 없어 괴로움의 미로를 헤맨다. 선한 마음은 지혜로 시작하기 때문에 알아차림이란 행위가 있어 괴로움의 미로를 탈출한다.

오늘 내가 가진 모든 것을 내일에도 가질 수 있는
가? 오늘 내가 가진 것은 내일에도 똑같이 가질 수
없다. 오늘 내가 가진 것이 나의 것인가? 오늘 내가
가진 것은 내 것이 아니다. 그러므로 오늘이나 내일
이나 내가 소유하지 못한다. 모든 것은 단지 한순간
의 마음이 경험할 뿐이다. 내일은 새로운 마음이 새
로운 것을 경험한다. 여기에 같은 것도 없으며 나의
것도 없다. 단지 일어나서 사라지는 무상만 있다.
어제 가진 것이 오늘의 것과 같지 않듯이 오늘 가진
것이 내일까지 가지 않는다. 모든 것은 매순간 변한
다. 정신적인 것이거나 물질적인 것이거나 모두 변
하는 과정만 있다. 그러므로 무엇도 내 것이라고 할
만한 것이 없다.

55

무의미하다고 생각하는 일상적인 것들 속에 진실한
의미가 있다.

56

위빠사나 수행은 원인을 규명하기 위해서 하지 않
는다. 대상을 있는 그대로 알아차린 뒤에 지혜가 난
결과로 원인을 알아야 한다. 이렇게 알아야 비로소
자신이 가진 바른 원인을 알아 문제에 대처할 수 있
다. 그렇지 않으면 선입관을 가지고 접근하기 때문
에 대상이 가지고 있는 진실을 모른다. 처음부터 어
떤 목적을 가지고 수행을 시작하면 욕망으로 하기
때문에 궁극의 지혜를 얻지 못한다. 위빠사나 수행
은 증명할 수 없는 것을 대상으로 삼지 않는다. 오
직 지금 여기에 있는 몸과 마음을 대상으로 알아차
려야 문제의 본질에 접근한다. 인간은 몸과 마음을
가졌기 때문에 존재하므로 인간의 문제란 오직 자
신의 몸과 마음에 있다.

승리했다고 해서 모두 승리가 아니다. 진정한 승리는 일상적인 기준에서 본 승리가 아니다. 궁극의 승리는 사물의 이치를 깨닫는 것이다. 그러므로 이루었다고 자만하지 말고 이룬 것의 본질이 무엇인지 알아야 한다. 이룬 것은 이룬 순간에 사라진다. 이룬 것을 받아들이는 마음이 순간에 일어나서 순간에 사라지기 때문이다. 어떤 승리가 되었거나 한순간에 일어났다가 사라지는 물거품과 같다. 승리했다고 알았을 때 이미 승리는 사라졌다. 이것을 알아 승패를 집착하지 않는 것이 진정한 승리다. 승리가 그렇듯이 패배도 마찬가지다. 패배했다고 해서 모두 패배가 아니다. 패배는 진정한 승리를 향해서 가는 하나의 과정이다.

58

일상적인 관계에서는 바라는 마음이 적다. 친밀한 관계로 발전하면 바라는 마음이 생긴다. 바라는 마음이 생기면 반드시 괴로움이 따른다. 바라는 마음은 일방적인 것이라서 언제나 부족하여 만족하지 못한다. 만족하지 못하기 때문에 투정을 부려 스스로를 괴롭힌다. 친밀한 관계는 자기가 선택한 것이므로 괴로움은 자신이 만든다. 모든 관계가 일방적이지 않도록 하려면 항상 알아차려야 한다. 알아차릴 때만 서로의 관계가 균형을 이루어 번뇌가 생기지 않는다.

59

상대가 자신보다 지혜로울 때는 존경하고 가르침을 따라야 한다. 상대가 자신보다 부족할 때는 연민의 마음으로 이해하고 존중해야 한다. 상대의 지혜를 무시하는 사람은 자아가 강해서 괴로움을 겪는다. 상대의 부족함을 업신여기는 사람은 교만해서 평화롭지 못하다. 남의 지혜를 따르고 부족함을 이해하는 사람은 자신의 지혜가 성숙하여 스스로 행복을 얻는다.

옹달샘

3

남이 어려움을 겪을 때

흥미롭게 보는 마음에는 사악함이 숨어 있다.
남이 어려움을 겪을 때 연민으로 보는 마음에는 사랑이 담겨 있다.
남이 어려움을 겪을 때 원인과 결과로 보는 마음에는
지혜가 있다.

MNZ 133704
www.clearwaterfishing.co.nz

60

불행이 있어서 행복의 기쁨을 알고, 행복이 있어서
불행의 괴로움을 겪는다.

61

세상은 불완전한 사람들이 모여서 살기 때문에 불
완선한 일들로 가득하다. 그러므로 누가 누구를 나
무랄 처지가 못 된다. 다만 소수의 사람들이 앞서간
훌륭한 스승들의 가르침을 실천하여 완전한 행복
을 얻는다. 나머지 모두는 불완전한지도 모르고 살
면서 불행을 겪는다. 인간이 본능대로 살아서는 완
전을 향해서 갈 수 없다. 본능대로만 살면 동물이나
다를 것이 없다. 감각적 욕망의 본능을 알아차릴 때
만 높은 지혜를 얻어 완전을 향해서 갈 수 있다. 본
능대로만 살면 불완전한 상태로 영원히 윤회의 세
계를 벗어날 수 없다. 본능은 억제해야할 대상이 아
니고 알아차릴 대상이다. 그래야만 본능의 거친 물
살을 거슬러 올라 갈 수 있다.

62

완전하게 이해할 때 완전하게 소유한다.

63

상대의 견해가 나와 다름을 존중해야 한다. 그래야 나의 견해가 상대로부터 존중받는다. 상대에게는 상대의 견해가 있고, 나에게는 나의 견해가 있다. 상대의 견해가 나와 다르다고 배척하면 나의 견해가 상대로부터 배척받는다. 서로 다른 견해를 존중하면 향기가 나고 서로 다른 견해를 존중하지 못하면 악취가 난다. 서로 다른 견해가 조화를 이루는 것이 최상의 아름다움이다.

한 번에 해결할 수 있는 일이 있고, 시간이 지나도 해결할 수 없는 일이 있다. 마음이 모든 것을 이끌기 때문에 지혜가 나면 무엇이나 한 번에 해결할 수 있다. 지혜는 주어진 문제를 있는 그대로 받아들여서 수용한다. 그러면 받아들이는 즉시 문제가 해결된다. 하지만 잠재적 성향의 지배를 받고 있으면 무엇도 해결하기가 어렵다. 잠재적 성향은 고정관념이라서 문제해결에 현실적이지 못하다. 그래서 시간이 지나도 문제를 해결 할 수 없다.

65

부족해서 풍요함을 이루고 풍요함에 취하면 다시 부족해진다. 괴로워서 즐거움을 만들고 즐거움에 취하면 다시 괴로워진다.

66

지혜를 얻어 모든 번뇌를 여의고 열반을 성취하는 것을 가로막는 것이 있다. 수행자의 마음을 타락시키는 다섯 가지 장애는 감각적 욕망, 악의, 게으름, 들뜸, 의심이다. 다섯 가지 장애로 인해 마음이 부드럽지 못하고 단단하며, 가볍지 못하고 무거우며, 밝지 못하고 어둡다. 장애는 범부의 자산이다. 이러한 자산을 버리지 못하면 어둠에서 밝음으로 나갈 수 없다. 감각적 욕망은 마음을 하나로 모아서 고요함을 얻는 집중에 의해서 제거된다. 악의는 수행을 해서 얻는 기쁨에 의해 제거된다. 게으름은 대상을 알아차리는 마음으로 제거된다. 들뜸은 수행을 해서 얻는 행복에 의해 제거된다. 의심은 수행의 숙고와 고찰에 의해 제거된다.

행복할 때도 불행이 있고, 불행할 때도 행복이 있
다. 행복과 불행은 순간순간의 느낌이다.

고통을 느끼는 것도 행복이다. 죽으면 고통도 느끼
지 못한다. 살아서 겪는 고통은 언제나 발전의 원인
이 된다. 고통 때문에 행복을 추구한다. 고통이 없
으면 행복의 가치를 모른다. 고통이 슬픔과 비탄이
되지 않으려면 있는 그대로 알아차려야 한다. 고통
을 받아들이면 지혜가 생겨의 괴로움이 행복으로
바뀐다.

평정심은 균형이 잡힌 마음으로 집착과 혐오의 두 가지 마음 중에 어느 쪽에도 치우침이 없는 공평한 마음이다. 평정심을 가지면 세속의 여덟 가지 조건인 이익과 손실, 명예와 불명예, 칭찬과 비난, 행복과 불행을 있는 그대로 알아차려서 균형을 이룬다. 평정심과 상반된 것이 무관심이다. 그러므로 평정심과 덤덤한 느낌은 다르다. 평정심은 지혜와 알아차림에 의해 균형이 잡힌 마음이다. 좋지도 싫지도 않은 덤덤한 느낌은 지혜와 알아차림이 없어 평정심과 같지 않다. 평정심은 좋고 싫은 것을 구별하지 않으며 사랑과 증오의 갈림길에서 방황하지 않는다. 이러한 평정심을 바탕으로 더 높은 지혜를 성숙시키면 열반에 이른다.

사람의 인연이란 오라고 하지 않았는데도 오고, 가라고 하지 않았는데도 간다. 부모나 자식이나 형제라고 해서 예외가 아니다. 세상의 모든 만남은 인연 따라 오고 인연 따라 간다. 인연에 따라 만나고 헤어지는 시간이 짧거나 길며, 가까운 관계로 만나거나 먼 관계로 만나는 차이가 있다. 그러니 누구를 붙잡을 수 있고, 누구 때문에 슬퍼할 수 있겠는가. 이러한 세상을 살면서, 만났으면 만난 것을 알아차리고, 헤어졌으면 헤어진 것을 알아차리는 것밖에 달리 할 일이 없다. 오라고 하지 않은 바람이 와서 사라져 버리듯이, 흐르라고 하지 않은 시냇물이 흘러가 버리듯이, 피라고 하지 않은 꽃이 피고 지듯이 모든 것은 왔다가 간다.

71

법은 원하는 자의 것이다.

72

아직 좋은 일을 실천하지 못했더라도 좋은 말은 해야 한다. 그러면 좋은 행동을 한다. 바른 말을 하면 자신도 모르게 바른 행동을 한다. 바른 말에는 종자가 있어서 바른 행동을 하도록 이끈다. 바른 행동을 하면 자신도 모르게 지혜가 난다. 바른 행동에는 선과보가 있어서 지혜가 나도록 이끈다. 지혜가 나면 자신도 모르게 열반에 이른다. 작은 지혜가 축적되면 큰 지혜가 생긴다. 수행을 하면 결과가 생기므로 처음부터 만족할 만한 결실을 얻으려고 해서는 안 된다.

73

남이 어려움을 겪을 때 흥미롭게 보는 마음에는 사
악함이 숨어 있다. 남이 어려움을 겪을 때 연민으로
보는 마음에는 사랑이 담겨있다. 남이 어려움을 겪
을 때 원인과 결과로 보는 마음에는 지혜가 있다.

74

위빠사나 수행은 알맞은 조건을 성숙시켜야 한다.
열정이 많은 사람은 수행을 잘하려고 하지 마라. 욕
망이 넘치면 고요함을 얻을 수 없다. 게으른 사람은
수행을 잘하려고 해라. 나태하면 대상을 알아차릴
수 없다. 수행을 할 때 많으면 빼주고 부족하면 채
워줘야 한다. 현악기의 줄을 알맞게 조율해야 좋은
소리를 낼 수 있듯이 수행도 적절한 노력과 방법을
선택해야 한다. 수행이 잘 되면 잘 되는 것을 알아
차리고, 안 되면 안 되는 것을 알아차려야한다. 수
행의 대상은 좋고 나쁜 것 없이 똑같이 알아차려야
한다. 나타난 것 중에서 무엇이나 상하게 느러나는
것이 모두 알아차릴 대상이다. 그 중에 열정과 게으
름도 알아차릴 대상이다.

75

고통 속에 있을 때는 고통의 끝이 보이지 않는다.
이때 일어나고 꺼지는 호흡을 알아차려라. 호흡에
꺼짐이 있듯이 고통도 끝이 있다.

76

이해는 대상을 받아들여서 아는 마음으로 지혜다.
이해하면 막힌 것이 뚫리고, 단단한 것이 부드러워
진다. 이해는 안 되는 것을 되게 하고, 잘 되는 것을
더 잘되게 한다. 이해하면 단절된 것이 복원되며 싸
우지 않고 평화가 있다. 이해는 배척하지 않고 수용
하여 차가운 것을 따뜻하게 한다. 이해하면 모르는
것이 아는 것으로 바뀌어 어둠에서 밝음으로 나온
다. 이해하면 좋고 나쁨을 구별하지 않고 모두 평등
하게 대상으로 받아들인다. 이해하면 시간과 장소
를 초월하여 과거나 미래를 뛰어넘으며 가까운 곳
이나 먼 곳이 없다. 이해는 미움을 사랑으로, 분열
을 화합으로, 찡그린 얼굴을 미소 짓는 얼굴로 바꾼
다. 이해는 모든 것을 융화 한다.

영원한 것도 없고 한 번에 끝나는 것도 없다. 영원하다는 것은 변하지 않는다는 견해다. 세상에 항상 하는 것이 없어 모든 것이 무상하다. 있다면 오직 변하지 않는 절대인 존재가 있기를 바라는 마음만 있다. 인간은 나약해서 절대적 존재에 귀의하여 보호받고 싶어 한다. 그래서 변하지 않는 존재가 있기를 바라지만 그것을 바라는 마음도 매순간 변한다. 한 번에 끝나고 마는 것도 없다. 모든 것은 원인과 결과에 의해 진행된다. 단 한 번에 끝나고 만다면 조건에 의해 일어났다가 조건에 의해 소멸하는 일련의 질서가 성립될 수 없다. 이것을 알려면 몸과 마음이 매순간 원인과 결과에 의해 일어나고 사라지는 것을 아는 지혜가 나야 한다.

78

법을 대할 때 이것이 옳고 저것이 틀렸다고 생각하
지 마라. 다만 이것이 있다고 알아차려라. 법은 단
지 알아차릴 대상이라서 옳고 그름의 문제가 아니
다. 옳고 그름은 알아차린 결과로 지혜가 났을 때
알 수 있다. 처음부터 옳고 그름을 따지는 것은 분
석이다. 법은 분석해 달라고 나타나지 않았다. 법은
여기에 있으니 와서 보라고 나타났다.

79

가장 확실한 진실은 누구나 죽는 것이다. 그러나 항
상 죽음만 생각하면서 살 수는 없다. 그래서 실재
하는 진실을 찾아야 한다. 그것이 현재 자신이 하고
있는 일을 알아차리는 것이다. 현재의 몸과 마음을
알아차려서 지혜가 생기면 죽음의 두려움을 떨쳐버
릴 수 있다.

붓다께서 법을 설하신지 10년째 되던 해에 붓다가 계신 수행처에서 비구들 사이에 다툼이 벌어졌다. 법에 정통한 비구들과 계율에 정통한 비구들이 예절에 관한 문제로 의견이 대립되었다. 이때 서로의 지지자들이 편을 갈라 옳고 그름을 따졌다. 붓다께서는 비구들의 다툼을 말리셨지만 말을 듣지 않았다. 이에 실망한 붓다께서는 승가에 알리지도 않고 홀로 숲으로 가셔서 3개월 동안 우안거를 보내셨다. 이와 같이 자신이 옳다고 판단하는 것을 집착하면 결과적으로 옳은 것도 옳지 않게 된다. 옳고 그름은 각자의 견해이므로 상대에게 강요해서 될 사항이 아니다. 수행자에게는 옳다거나 그르다고 판단되는 것이 모두 알아차릴 대상이다.

81

내 번뇌의 불이 꺼져야 남의 번뇌의 불을 끈다. 내 번뇌의 불이 있으면 남의 번뇌에 불을 지핀다.

82

좋은 것을 보고, 좋은 소리를 들으려면, 얻으려는 노력이 필요하다. 좋은 것을 계속 보고, 좋은 소리를 계속 들으려면 계속하는 노력이 필요하다. 좋은 것은 영원하지 않고 좋은 것을 아는 마음도 일어났다가 사라진다. 모든 일의 마지막에는 무상의 괴로움과 슬픔을 여의는 노력이 필요하다. 모든 것은 저절로 오지 않고, 저절로 머물지 않으며, 저절로 떠나지 않는다.

조건이 성숙되었다고 해서 반드시 업의 결과가 나타나는 것은 아니다. 업은 조건이 성숙되어 결과로 나타날 수도 있고, 나타나지 않을 수도 있다. 과거의 원인으로 현재에 나타난 것은 충분한 조건이 성숙되어 결과로 나타난 것이다. 과거나 현재의 원인으로 미래에 나타나는 결과는 새로운 조건에 따라 나타나지 않을 수 있다. 왜냐하면 현재의 원인이 계속 연장되고 있기 때문이다. 미래의 결과는 현재의 원인을 어떻게 만드는가에 따라 다양하게 나타난다. 현재 새로운 선업을 쌓으면 미래에 악업의 결과가 나타날 조건이 성숙되지 않는다. 현재 새로운 악업을 쌓으면 미래에 선업의 결과가 나타날 조건이 성숙되지 않는다.

84

원인이 없는 결과가 없고, 결과는 새로운 원인을 만든다. 원인과 결과로부터 벗어날 때 완전한 자유를 얻는다.

85

바르게 사는 것을 자각하는 삶은 괴롭다. 누구나 어리석음과 욕망을 가지고 살아서 바른 삶을 실천하기가 어렵기 때문이다. 그러나 이 고뇌를 거부해서는 안 된다. 이러한 고뇌가 자신을 더 행복한 세상으로 이끈다. 바르게 사는 것을 자각하지 못하는 삶은 괴롭지 않다. 바른 삶을 실천할 목표가 없어 고민할 필요가 없기 때문이다. 고민이 없다고 행복한 삶을 사는 것은 아니다. 바르게 살기 위해서는 안락을 즐겨서는 안 된다. 괴롭지 않음이 자신을 더 불행한 세상으로 이끈다.

마음이 모든 것을 이끈다고 해서 몸의 역할이 무시되어서는 안 된다. 보이는 몸이 중요하다고 해서 보이지 않는 마음의 역할이 무시되어서도 안 된다. 인간은 정신의 영역과 물질의 영역이 각각 작용을 해서 살고 있다. 두 가지가 각각의 영역에서 필요한 일을 다 할 때 조화를 이루어 바른 삶을 살 수 있다. 마음이 아플 때 몸까지 아파서는 안 된다. 아픈 것은 마음이지 몸이 아니므로 서로를 분리해서 알아차려야 한다. 몸이 아플 때 마음까지 아파서는 안 된다. 아픈 것은 몸이지 마음이 아니므로 서로를 분리해서 알아차려야 한다. 마음과 몸이 서로의 영역을 침범하면 번뇌가 커지고, 분리해서 알아차리면 번뇌가 커지지 않는다.

87

인간은 거짓과 진실이란 양면의 칼 날 위에서 춤을
추며 산다.

88

지금 달이 떴어도 해가 없는 것이 아니다. 하늘 건
너편에 해가 있다. 지금 해가 떴어도 별이 없는 것
이 아니다. 빛이 밝아서 별이 보이지 않는다. 지금
괴로움이 있어도 즐거움이 없는 것이 아니다. 괴로
움이 강해서 즐거움이 있는지 모른다. 괴로움을 있
는 그대로 알아차리면 즐거움이 나타난다. 지금 즐
거움이 있어도 괴로움이 없는 것이 아니다. 즐거움
이 강해서 괴로움이 있는지 모른다. 즐거움을 있는
그대로 알아차리면 괴로움이 나타나지 않는다.

<h2 style="text-align:center">89</h2>

몸이 괴로움이다. 느낌이 괴로움이다. 기억이 괴로움이다. 의도가 괴로움이다. 마음이 괴로움이다. 오온이 괴로움인 것을 아는 것이 지혜다. 오온이 괴로움인지 알아야 괴로움에서 벗어날 수 있다.

<h2 style="text-align:center">90</h2>

새로운 것을 찾아 세상을 헤매지 마라. 결국에는 새로운 것을 찾다가 끝나고 만다. 자신의 몸과 마음에 새로운 것들이 가득 차 있다. 어리석으면 밖에 있는 대상에서 새로운 것을 찾는다. 지혜가 있으면 자신의 내면에서 새로운 것을 발견한다. 밖에 있는 대상에서도 무상의 법을 보아 지혜를 얻는다. 하지만 이것은 유신견을 가지고 감상적으로 본 지혜다. 자신의 내면에서 무상의 법을 보아 얻는 지혜가 완전하다. 이렇게 볼 때만 유신견을 갖지 않고 있는 그대로 보아 열반을 성취하는 지혜가 난다. 밖에 있는 대상에서는 감각적 욕망의 끝을 보기가 어렵다. 안에 있는 자신의 내면을 알아차릴 때만 감각적 욕망의 끝이 있다.

옹달샘

4

괴로움 속에서 지혜가 난다.

괴로움이 지혜가 되기 위해서는 괴로움을 대상으로 알아차려야 한다.
그렇지 않으면 괴로움이 슬픔과 비탄으로 바뀐다.

91

흔들리는 배에 탔으면 흔들림을 받아들여야 한다.
피할 수 없는 어려움에 처했으면 어려움을 받아들
여야 한다. 받아들여야만 고난으로부터 벗어난다.

92

바라는 마음으로 칭찬을 많이 하는 사람은 그만큼
비난도 많이 한다. 바라는 마음이 없어 칭찬을 하
지 않는 사람은 그만큼 비난도 하지 않는다. 적절
한 칭찬은 필요하지만 지나치면 말하거나 듣는 사
람이 모두 해롭다. 무엇이나 지나치면 하지 않음만
못하다.

괴로울 때는 괴로워하고 있는 것이 알아차릴 대상이다. 괴로움을 없애려고 알아차려서는 안 된다. 단지 괴로움이 있어서 알아차려야 한다. 두려울 때는 두려워하고 있는 것이 알아차릴 대상이다. 두려움을 없애려고 알아차려서는 안 된다. 단지 두려움이 있어서 알아차려야 한다. 몸도 변하고 마음도 변한다. 시간도 변하고 대상도 변한다. 이 세상에 변하지 않는 것이 없다. 그러므로 하나의 대상에 고정하지 말고 가장 강하게 나타난 것을 알아차려야 한다. 알아차릴 대상이 따로 있는 것이 아니다. 현재 나타난 것이 대상이고, 이 대상이 법이다. 법은 와서 보라고 나타났다. 나타난 법을 그냥 알아차리는 것이 가장 지혜로운 대처방법이다.

94

욕망은 괴로움을 지피는 불이고, 계율은 괴로움을
태우는 불이다.

95

말하지 않는 것이 때로는 더 소중한 말이 될 수 있
다. 필요한 말은 해야 하지만 필요 없는 말은 하지
말아야 한다. 필요한 말을 할 때는 관용, 자애, 지혜
로 해야 한다. 필요 없는 말을 하지 않으면 탐욕, 성
냄, 어리석음이 억제된다. 서로의 잘못을 따지기 위
해서 말하는 것은 다툼이다. 말하지 않아서 수습될
일이 말함으로써 악화된다. 한순간의 감정으로 인
해 인간관계를 불태워서는 안 된다. 침묵해야 할 때
말하면 구업의 과보를 받아 고통을 겪는다. 모든 것
을 다 들추면서 살 수는 없다. 때로는 덮어두고 가
는 길에 지혜가 꽃필 수 있다. 감각적 욕망에 굶주
려 있는 사람은 무엇이나 적나라하게 드러내서 직
성을 풀려고 한다.

96

괴로움 속에서 지혜가 난다. 괴로움이 지혜가 되기 위해서는 괴로움을 대상으로 알아차려야 한다. 그렇지 않으면 괴로움이 슬픔과 비탄으로 바뀐다.

97

모르면 모르는 만큼 괴로움을 겪는다. 알면 아는 만큼 괴로움을 겪지 않는다. 몰라서 겪는 괴로움은 어쩔 수 없다. 모르면 몰라서 겪는 괴로움이 어쩔 수 없는 것이라고 인정하지 않는다. 모르기 때문에 있는 그대로 보는 지혜를 선택하지 않고 다른 생각만 한다. 바로 이것이 모르는 것이다.

사람이 태어날 때는 자기가 지은 과거의 업의 과보를 받아 태어나는 것과 함께 부모의 유전적 원인의 과보를 받아 태어난다. 그러나 자기가 지은 과거의 업의 과보가 부모로부터 받는 유전적 원인보다 더 크게 작용한다. 그래서 나는 나의 업의 상속자라고 한다. 훌륭한 부모에게서 훌륭하지 못한 자식이 태어나기도 하며, 훌륭하지 못한 부모에게서 훌륭한 자식이 태어나기도 한다. 이것이 모두 자신이 지은 업의 과보가 더 크게 작용하기 때문이다. 물론 자신이 지은 업의 과보로 부모를 만나기도 하지만 자신이 지은 업이 더 결정적 영향을 미친다. 그러므로 수행을 해서 훌륭한 선업의 원인을 만드는 것보다 더 중요한 일은 없다.

모든 괴로움을 여의고 완전한 행복을 얻게 하는 해탈의 지혜는 세 가지 조건이 성숙되어야 한다. 첫째, 몸과 마음을 대상으로 삼아야 한다. 둘째, 몸과 마음을 있는 그대로 알아차려야 한다. 셋째, 알아차림을 지속시켜 집중이 되어야 한다. 이 세 가지의 조건이 성숙되어야 비로소 궁극의 통찰지혜가 생긴다. 몸과 마음을 알아차려서 조건이 성숙되면 처음에 무상을 아는 도의 지혜가 생긴다. 계속 알아차려서 조건이 성숙되면 다음에 괴로움을 아는 도의 지혜가 생긴다. 계속 알아차려서 조건이 성숙되면 마지막으로 무아를 아는 도의 지혜가 생긴다. 무아의 지혜가 완전하게 성숙되면 갈애와 집착이 소멸하여 도과의 지혜인 열반에 이른다.

100

자신의 의무를 다하지 못하면 항상 그에 합당한 과
보를 받는다.

101

자연현상을 통해서 얻은 지식이나, 역사나 사회문
제를 통해서 얻는 지식으로는 궁극의 깨달음을 얻
지 못한다. 이런 지식은 사유를 풍부하게 할 뿐이지
인간에게 내재해 있는 본질적 문제에는 접근하지
못한다. 오직 자신의 몸과 마음을 알아차려야 오래
동안 지녀온 고정관념을 부수고 새로운 눈을 뜰 수
있다. 자신의 내면을 통찰할 때만이 모든 번뇌의 원
인인 어리석음과 욕망을 잠재울 수 있는 지혜가 생
긴다. 외부의 대상으로부터 얻는 지식은 간접적이
기 때문에 관념에 그치고 만다. 앞서가신 붓다나 벽
지불과 수많은 성자들은 예외 없이 자신의 내면을
알아차리는 위빠사나 수행으로 궁극의 깨달음을 얻
어 모든 속박에서 벗어났다.

바라는 마음이 제거되면 이기적인 욕망이 소멸하여 열반에 이른다. 열반에 이른 성자는 욕망이 소멸했다고 해서 타인에 대해 방관자로 살지 않는다. 자신의 이기적인 욕망이 소멸했을 뿐이므로 선한 일을 더 적극적으로 실천한다. 역대의 모든 붓다와 수를 알 수 없는 벽지불과 아라한이 모두 연기를 안 뒤에 위빠사나 수행으로 깨달음을 얻었다. 이러한 성자들은 어떤 일을 하거나 자신의 것으로 만들기 위해서 일하지 않는다. 그러므로 위빠사나 수행으로 깨달음을 얻은 자는 자신만 아는 자가 아니다. 자신의 몸과 마음을 알아차려서 무아의 지혜가 나면 유신견이 소멸한다. 자아가 소멸한 성자는 오직 타인을 배려하는 마음으로 산다.

무슨 일이나 어떻게 할지 결정을 내리기가 어려울 때는 붓다의 가르침을 따르는 것이 좋다. 어떤 문제에 직면했을 때는 '이런 경우에 붓다께서는 과연 어떻게 하셨을까' 하고 숙고해 보아야 한다. 이것이 법의 거울을 보는 것이다. 바른 법은 붓다에 의해 잘 설해졌으며, 스스로 깨달음을 얻고, 즉각적인 효과가 있을 뿐만 아니라, 바른 탐구를 통하여 진리를 알게 된다. 누구나 법의 거울을 보고 그대로 가르침을 따르면 가장 현명한 결정을 내려 이상적인 결과를 얻는다.

모르는 사람보고 참으라고 할 수 없다. 아는 사람이
참아야 한다.

위빠사나 수행은 옳고 그름을 따지지 않는다. 옳고
그름을 판단하는 것은 자신의 고정관념으로 분별을
하는 것이다. 옳다는 것도 자신의 견해며 그르다는
것도 자신의 견해다. 이 상황에서는 옳은 것이 다
른 상황에서는 옳지 않을 수 있다. 내가 옳다고 하
는 것이 다른 사람에게는 옳지 않을 수 있다. 옳다
고 해서 모두 옳지 않으며 그르다고 해서 모두 그릇
된 것이 아니다. 수행은 자신의 견해로 판단해서는
안 된다. 그러므로 옳고 그름을 단지 알아차릴 대상
으로 삼아야 한다. 알아차린 결과로 지혜가 나면 비
로소 옳은 것과 그른 것을 분명하게 알 수 있다.

감각적 욕망이 최고의 즐거움이 아니다. 색계선정의 즐거움이 더 크다. 색계선정이 최고의 즐거움이 아니다. 무색계선정의 즐거움이 더 크다. 무색계선정이 최고의 즐거움이 아니다. 출세간의 도과를 성취한 즐거움이 더 크다. 범부가 가진 세속의 즐거움보다는 선정수행의 즐거움이 더 크다. 선정수행의 즐거움보다는 출세간의 즐거움이 더 크다. 가장 큰 즐거움을 얻기 위해서는 위빠사나 수행을 해서 도과를 성취해야 한다. 내가 아는 즐거움이 전부가 아니므로 부단히 노력해야 한다. 자기가 지닌 즐거움을 집착하지 않고 계속해서 알아차리면 더 수승한 즐거움이 있다. 최고의 즐거움은 무엇에도 집착하지 않아 완전하게 자유로울 때다.

진리가 자신의 손안에 있다고 하는 말은 진리는 자신의 몸과 마음에서 나온다는 말이다. 진리를 알기 위해서 자신의 몸과 마음을 있는 그대로 알아차려야 한다. 이렇게 알아차리는 것이 대상을 분리해서 알아차리는 위빠사나 수행이다. 대상과 하나가 되지 않고 분리해서 알아차리면 몸과 마음의 실재가 무상, 고, 무아라는 것을 아는 지혜가 생긴다. 이러한 지혜로 인해 집착이 끊어진 자리에 궁극의 깨달음이 있다. 그러므로 밖에서 다른 법을 구하지 말고 오직 자신의 몸과 마음을 통찰하여 모든 생명에게 동일하게 적용되는 존재의 특성을 알아야 한다. 실재하는 진리는 자신의 몸과 마음에 있고, 있는 그대로 알아차릴 때만 본다.

궁극의 지혜에 도달하기 위해서는 먼저 자신의 몸과 마음을 분리해서 알아차려야 한다. 다음으로 자신의 몸과 마음이 나의 몸과 마음이 아니라는 사실을 자각해야 한다. 자신의 오온이 나의 것이 아니라고 알 때 비로소 모든 번뇌로부터 자유로워진다.

몸과 마음에서 생긴 병은 몸과 마음의 균형이 깨져 자정능력을 상실했기 때문에 생긴다. 그래서 들뜬 마음으로 인해 무엇이 바른 것인지 판단하기 어려워 방황한다. 하지만 불균형으로 인해 생긴 현상을 있는 그대로 알아차리면 자정능력이 생겨 병이 치유될 수 있다. 병으로 인해서 생긴 근심도 실재하는 현상이지만 이것보다 더 확실한 실재는 일어나고 꺼지는 호흡이다. 호흡을 알아차리고 있는 동안에는 몸과 마음의 병을 이겨낼 수 있는 자정능력이 향상된다. 이런 능력의 향상이 모든 병을 완벽하게 치유할 수 있다는 보장은 없다 하지만 상황을 호전시켜 정화능력을 키울 수 있으므로 여기에 초점을 맞추어야 한다.

110

자신에게 허용된 하루를 소모하는 사람이 있고, 새
로 만들어가는 사람이 있다. 하루를 소모하는 사람
에게는 죽음이 있고, 새로 만들어가는 사람에게는
죽음이 없다.

111

인간은 선한 마음과 악한 마음을 모두 가지고 있다.
선한 마음을 가졌다고 해도 다른 한 쪽에는 악한 마
음이 도사리고 있다. 악한 마음을 가졌다고 해도 다
른 한 쪽에는 선한 마음이 도사리고 있다. 그래서
선하다고 해도 완전한 선이 아니고, 악하다고 해도
완전한 악이 아니다. 그러나 오직 인간만 선과 악이
함께 있지 않은 제3의 마음을 가질 수 있다. 이것이
대상을 있는 그대로 보는 마음이다. 대상을 있는 그
대로 보면 원인과 결과가 사라져 선과 악을 초월한
전혀 새로운 형태의 마음이 생긴다. 이것이 선과 악
이 섞이지 않은 완전하게 선한 마음이다. 인간만 이
런 깨달음을 얻어 오랜 윤회에서 벗어날 수 있다.

누구나 아름다운 것을 보고 아름답다고 말할 수 있다. 그러나 이 말이 모든 경우에 해당되는 것은 아니다. 아름다운 것을 아름답다고 말하면 오히려 추할 수도 있다. 아름답다고 말한 것이 감각적 욕망을 가지고 보았기 때문에 진실한 것이 아니라면 독소의 위험이 있다. 아름다운 것이 나의 기준이지 대상이 가지고 있는 성품은 아니다. 내가 아름답다고 볼 때는 대상을 꾸며서 보기 때문에 있는 그대로의 진실을 볼 수 없다. 아름다운 것을 좋아하기 때문에 추한 것을 싫어한다면 더욱 아름답지 못하다. 모든 대상은 저마다 실재하는 현상을 가지고 있는데 바로 이것이 아름다움이다. 겉으로 드러난 모양보다 내용이 아름다워야 한다.

어제의 몸과 마음이 오늘의 몸과 마음이 아니다. 오늘의 몸과 마음이 내일의 몸과 마음이 아니다. 어제의 것이 오늘의 것이 아니고, 오늘의 것이 내일의 것이 아니라서 모든 것은 무상하고 괴로움이며 무아다. 몸과 마음은 조건에 의해 변한다. 일어날 조건이 되면 일어나고, 사라질 조건이 되면 사라진다. 여기에 원인과 결과라는 조건만 있지 이것을 지배하는 자아는 없다. 몸과 마음을 있는 그대로 보지 못하면 변화로 인해 괴로움을 겪는다. 몸과 마음이 원래 변하는 것이라고 알면 내가 아니고, 나의 소유라고 할 것이 없어 괴롭지 않다. 괴로움을 여의는 지혜가 나려면 몸과 마음이 가지고 있는 성품인 무상, 고, 무아를 알아야 한다.

사람이 태어나서 사는 것은 여섯 가지 감각기관으로 정보를 받아들이는 것이다. 죽는 것은 여섯 가지 감각기관의 기능이 정지한 것이다. 안, 이, 비, 설, 신, 의라는 여섯 가지 감각기관이 색, 성, 향, 미, 촉, 법이란 여섯 가지 감각대상에 부딪쳐서 안식, 이식, 비식, 설식, 신식, 의식이란 여섯 가지 의식을 하는 것을 산다고 한다. 탐욕, 성냄, 어리석음도 여섯 가지 감각기관을 통해서 들어오고 관용, 자애, 지혜도 여섯 가지 감각기관을 통해서 들어온다. 즐거움과 괴로움과 덤덤함도 여섯 가지 감각기관을 통해서 들어온다. 행복하게 살려면 여섯 가지 감각기관의 문에 알아차림이란 문지기를 두고 잘못된 대상을 받아들이지 않아야 한다.

죽으면 정신과 물질의 생명력이 소멸한다. 소멸에는 완전한 소멸이 있고 일시적인 소멸이 있다. 아라한의 정신과 물질은 완전히 소멸하여 다시 태어남이 없다. 나머지 생명은 일시적으로 소멸한 뒤에 과보가 상속되어 다양한 형태의 생명으로 재탄생한다. 일시적인 소멸은 특정한 기간 동안에 유지되던 생명이 소멸한 것이지 계속해서 활동할 수 있는 힘이 소멸한 것이 아니다. 그러므로 자신의 행위는 끝났지만 업의 힘은 남아서 다음 생을 이끌어준다. 이때 업의 힘이 지속되는 시간은 한순간도 끊어지지 않고 계속된다. 재탄생은 죽음을 맞이하는 순간에 시간이 정지되지 않고 즉시 일어나며, 공간에 구애받지 않고 즉시 태어난다.

진실해서 손해를 본다면 손해를 선택하라.

대상과 하나가 되어 알아차리는 수행이 사마타고, 대상을 분리해서 알아차리는 수행이 위빠사나다. 대상을 알아차려 주관과 객관이 끊어진 것이 열반이다. 사마타 수행은 대상과 하나가 되는 근접집중과 근본집중을 한다. 이것은 다섯 가지 장애인 감각적 욕망, 악의, 게으름, 들뜸, 의심을 억누른 뒤에 색계, 무색계 선정을 얻는 수행이다. 사마타는 선정 수행으로 고요함을 얻어 번뇌를 잠재우지만 지혜를 얻지 못해 윤회를 한다. 위빠사나 수행은 정신과 물질을 분리해서 알아차려 찰나집중을 한다. 그래서 무상, 고, 무아의 지혜가 나서 번뇌를 말린다. 위빠사나 수행으로 번뇌를 불태우면 주관과 객관이 끊어진 열반을 성취하여 윤회가 끝난다.

118

수행은 감성보다 이성으로 해야 한다. 감성에 이끌리면 뜨거운 가슴으로 바르게 판단하지 못한다. 이성에 이끌리면 차가운 머리로 바르게 판단한다. 감성적일 때는 감성이 앞서서 바르게 알아차리지 못한다. 이성적일 때는 이성이 앞서서 바르게 알아차릴 수 있다. 감성보다 이성이 앞설 때 관념이 아닌 실재를 보아 통찰지혜를 얻는다.

119

바른 말은 바른 사람의 소유다. 바르지 못한 말은 바르지 못한 사람의 소유다. 바른 사람은 바르지 못한 말을 하지 않는다. 바르지 못한 사람은 바른 말을 하지 않는다. 바른 말을 하면 바른 과보를 받는다. 바르지 못한 말을 하면 바르지 못한 과보를 받는다. 자신의 행위는 자신의 소유라서 행한 대로 받는다. 모든 행복과 불행은 오직 자신이 만든다.

모든 것은 서로 다르지만 결국에는 하나의 길로 간다. 서로 다르다는 것은 각각 고유한 특성이 있는 것을 말한다. 하지만 각각의 고유한 특성이 존중될 때 이것들이 가지고 있는 하나의 동질성에 접근할 수 있다. 처음부터 무조건 하나라고 하면 각각의 고유한 특성이 드러나지 않아 존재하는 것의 진실에 접근할 수 없다. 모든 것은 서로 다른 것이 있고, 또 하나인 것이 따로 존재한다. 모든 생명이 저 나름대로의 특성이 있는 것을 아는 것이 실재를 아는 것이다. 이런 실재를 알 때만 모든 생명은 무상하고 괴로움이 있으며 자아가 없다는 진실을 알아 열반에 이른다. 이것이 하나를 아는 지혜다. 서로 다른 것이 없으면 하나가 없다.

옹달샘

5

감각적 욕망은

정신적인 고양을 퇴보시킨다.
극단적 고행은 지성을 나약하게 한다.
있는 그대로 알아차리는 중도만이
번뇌를 불태워 행복으로 인도한다.

<h1 style="text-align:center">121</h1>

자기가 잘났다고 생각하는 사람은 남이 잘난 것을 받아들이지 못한다. 나만 옳고 남은 틀렸다고 하면 잘난 사람이 아니다. 남이 잘난 것을 존중해야 진실로 잘난 사람이다.

<h1 style="text-align:center">122</h1>

오랜 시간을 두고 생긴 몸과 마음의 병을 치유하는 데는 그만큼의 시간이 필요하다. 아울러 병을 치유하는 가장 적절한 방법이 따라야 한다. 그러나 지혜가 나면 한순간에 병을 치유할 수 있다. 그러므로 지혜가 가장 최상의 치유효과를 가지고 있다. 위빠사나 수행은 대상을 알아차려서 생긴 지혜로 법의 치유를 한다. 법의 치유란 간직하고 있는 병이 한순간에 씻은 듯이 완쾌되는 기적과 같은 것이 아니다. 몸과 마음에 병이 있어도 그냥 있다는 사실을 알아차려서 괴로워하지 않는 것이 치유의 효과다. 괴로움이 있어도 단지 괴로움일 뿐이라고 알아차려서 괴로움에 걸리지 않고 자유로운 마음을 갖는 것을 법의 치유라고 한다.

123

구해도 얻을 수 없는 道가 있고, 구해서 얻을 수 있는 道가 있다. 어리석으면 얻지 못할 道를 구하고, 지혜가 있으면 얻을 수 있는 道를 구한다. 탐욕으로 道를 구하면 얻을 수 없고, 관용으로 道를 구하면 얻을 수 있다. 세간의 법에는 세속의 道가 있고, 출세간의 법에는 해탈의 道가 있다. 세간의 道로는 열반에 이르지 못하고, 출세간의 道로 열반에 이른다.

124

비었다고 해서 무조건 공(空)이 아니다. 탐욕, 성냄, 어리석음이 없어야 공이다. 비었다고 해도 자아가 있으면 공이 아니다. 무아를 알아 집착이 끊어져야 공이다. 공이라고 해서 아무것도 없는 것이 아니다. 몸과 마음은 있지만 자아가 없는 것이 공이다. 무조건 없다고 하면 허무에 빠진다. 있는 것은 분명하게 있지만 조건에 의해 일어나고 사라지는 연속적 현상만 있는 것이 공이며, 이것을 소유하는 실체가 없는 것이 공이다.

태어남도 원인과 결과고, 죽음도 원인과 결과다. 내가 있어 태어나는 것이 아니고, 원인이 있어 결과로 태어난다. 내가 있어 죽는 것이 아니고, 원인이 있어 결과로 죽는다. 전생의 내가 현생의 내가 되지 않고, 전생의 원인이 현생의 결과가 된다. 현생의 내가 미래생의 내가 되지 않고, 현생의 원인이 미래생의 결과가 된다. 전생이나 현생이나 미래생이나 내가 있지 않고, 오직 원인과 결과만 있다. 원인이 있어 결과로 다시 태어나고, 원인이 없어 결과가 없으므로 다시 태어나지 않는다. 어리석으면 새로운 원인을 만들고, 그 결과로 다시 태어난다. 지혜가 있으면 새로운 원인을 만들지 않아 결과가 없어 다시 태어나지 않는다.

126

자극적인 언행은 감각적 쾌락을 충족시킨다. 그래서 자꾸 더 자극적인 언행을 한다. 이런 언행은 나쁜 과보를 받는다. 바른 생각과 말과 행위를 해야 좋은 과보를 받아 바른 법을 본다.

127

아는 것이 많다고 훌륭하지 않다. 아는 것은 지식이고 훌륭한 것은 지혜다. 지식이 지혜가 되어야 사물의 이치를 바르게 안다. 아는 것이 많으면 자기만 알고, 훌륭하면 상대를 존중한다. 남의 견해를 받아들이지 않고 자기 견해만 주장하면 진실을 모른다. 아는 것만 확신하면 자기가 모른다는 것을 모른다.

바른 道가 진리고 바르지 못한 道는 진리가 아니다. 바른 道에 이르려면 가야할 길을 가고 가지 말아야 할 길은 가지 말아야 한다. 바른 道는 계를 지키는 것으로 시작한다. 계율은 알아차려서 절제하는 것이다. 계율을 지키면 다음 단계인 정의 道에 이른다. 정은 고요한 마음의 집중이다. 마음이 집중되면 다음 단계인 혜의 道에 이른다. 지혜가 나면 사물을 통찰하는 힘이 생겨 바른 것과 바르지 못한 것을 구별한다. 지혜는 바르지 못한 것을 끊어 버리고 바른 것을 선택한다. 이처럼 道는 계정혜의 단계적 과정을 거쳐 완성된다. 바른 道는 계로부터 나오고, 정이 성숙되면, 혜에 이르러서 완성된다. 바른 道는 팔정도다.

누구나 대상을 볼 때 자기 기준으로 본다. 내 수준
이 낮으면 남이 가진 높은 수준을 낮게 본다. 내 수
준이 높으면 남이 가진 높은 수준을 그대로 본다.
세상을 보는 기준은 남에게 있지 않고 자신에게 있
다. 세상을 탓할 것 없이 세상을 보는 자기 기준을
높여야 한다.

사람들은 저마다의 생각을 가지고 있어 의견을 하
나로 모으기 어렵다. 의견이 모아졌다고 해도 일시
적인 봉합이며 반드시 분열의 과정을 거친다. 견해
의 다양함은 발전의 요소가 될 수 있고 불화의 요소
가 될 수 있다. 견해가 다양한 것을 존중하면 불화
의 요소가 발전의 요소로 바뀐다. 위빠사나 수행은
다양한 요소를 있는 그대로 알아차려 중도의 조화
를 이룬다.

지혜가 있으면 남이 하는 바른 행위는 본받고, 바르지 않은 행위에서는 교훈을 얻는다. 지혜가 있으면 바르지 못한 행위는 끊고, 바른 행위를 해서 남이 본받도록 한다. 어리석으면 남이 하는 바른 행위는 본받지 않고, 바르지 않은 행위를 본받는다. 어리석으면 바른 행위는 하지 않고, 바르지 않은 행위를 해서 남이 본받도록 한다. 대상을 있는 그대로 알아차리면 지혜가 나고, 알아차리지 못하면 어리석음에 빠진다. 알아차림이 있으면 바른 행위를 하고, 바르지 않은 행위에서는 교훈을 얻는다. 알아차림이 없으면 바르지 못한 행위를 하고, 남이 하는 바르지 못한 행위를 그대로 답습한다.

132

잘못을 인정함에도 진실과 가식이 있다. 잘못을 진심으로 인정하는 것이 진실이다. 잘못을 변명하는 것은 가식이다. 구차한 변명은 아직도 진실하지 못한 이기적인 마음이 있기 때문이다.

133

모르는 것은 그냥 모르는 대로 두어라. 모른다고 탓해서는 안 된다. 때가 되면 자연스럽게 알게 된다. 아는 것도 조건이 성숙되어야 한다. 해결할 수 없는 것을 문제 삼아서는 안 된다. 밤이 사물을 포근하게 묻으면 별이 영롱하게 빛난다. 묻어두는 것이 더 빛나는 때가 있다. 알아야할 것도 있지만 몰라야 할 것도 있다.

비우는 것은 알아차리는 것이다. 내려놓는 것은 알아차리는 것이다. 버리는 것은 알아차리는 것이다. 비우려고 해도 비우는 방법을 모르면 실현할 수 없다. 비우려고 할 때 비우려는 힘보다 비우지 않으려는 습관의 힘이 더 크다. 내려놓으려고 해도 내려놓는 방법을 모르면 실현될 수 없다. 내려놓으려고 할 때 내려놓으려는 힘보다 내려놓지 않으려는 습관의 힘이 더 크다. 버리려고 해도 버리는 방법을 모르면 실현할 수 없다. 버리려고 할 때 버리려는 힘보다 버리지 않으려는 습관의 힘이 더 크다. 비우고 내려놓고 버리는 것은 관념이고 알아차리는 것은 실재다. 관념으로는 백년이 가도 법을 못보고 실재로는 한순간에도 법을 본다.

어리석은 사람 백 명보다 지혜가 있는 한사람의 의견이 더 중요하다. 다수라고 해서 무조건 옳다고 하면 어리석음에 빠진다. 다수의 의견이 존중되려면 먼저 자신의 희생이 따라야 한다. 자신의 희생 없이 숫자만으로 옳고 그름을 따지면 진정한 정의가 아니다. 출세간에서는 진리가 우선이므로 숫자의 많고 적음이 중요하지 않다. 진리는 실재고 숫자는 관념이다.

위빠사나 수행자에게 필요한 장소는 몸과 마음이다. 그러므로 반드시 어느 특정한 장소가 필요한 것은 아니다. 수행을 할 때 어느 장소는 좋고 어느 장소는 좋지 않다고 판단해서는 안 된다. 어떤 장소에서나 알아차려야 할 대상은 항상 몸과 마음이다. 위빠사나 수행은 몸과 마음의 실재하는 느낌을 통하여 궁극의 진리를 안다. 번뇌를 여의고 행복을 얻고자 하는 수행자는 바른 법을 의지처로 삼고 자신의 몸과 마음을 의지처로 삼아야 한다. 수행하기에 좋은 장소에서는 수행이 잘 되고 좋지 않은 장소에서는 수행이 안 된다면 자신의 몸과 마음을 의지처로 삼지 않았기 때문이다. 언제 어디서나 몸과 마음으로 돌아올 때 법을 본다.

소소한 계율에 얽매여서도 안 되지만, 소소한 계율이라고 무시해서도 안 된다. 사소한 허물이라도 소홀히 하면 나중에 걷잡을 수 없는 행위를 하게 된다. 붓다께서는 자신의 사후에 소소한 계율은 없애라고 하셨다. 이는 지나치게 계율에 연연하지 말라는 뜻이지 소소한 계율은 무시해도 좋다는 뜻이 아니다. 계율은 지켜야 하지만 모든 행위를 할 때마다 계율에 저촉되는지 여부를 판단할 수는 없다. 그래서 계율을 지키는 행위는 일상적인 알아차림으로 대치된다. 대상을 있는 그대로 알아차리면 중도가 되어 자연스럽게 계율을 지키는 행위를 한다. 알아차림은 선한 행위라서 탐욕, 성냄, 어리석음이 없으므로 계율을 지키는 행위다.

말이나 글은 순간의 마음을 표현한 것이다. 마음은 매순간 일어났다가 사라지므로 항상 같은 마음이 아니다. 앞선 마음과 뒤에 일어난 마음이 같지 않으므로 앞서 한 말이나 글이 뒤에 일어난 마음과 같지 않다. 순간의 마음이 한 말이나 글은 이미 확정되었지만 다음 마음은 그 말이나 글과 같지 않다. 자신이나 타인이 한 말이나 글도 한순간의 마음이 한 것이므로 영원한 것이 아니다. 말이나 글은 사용하는 순간 관념화 된다. 세속에서는 자신이나 타인이 한 말이나 글에 대해 책임을 져야 한다. 출세간에서는 자신이나 타인이 한 말이나 글에 책임을 묻지 않는다. 말이나 글을 표현한 마음은 이미 일어났다 사라졌기 때문이다.

좋은 뜻으로 시작한 일도 극단적이면 나쁜 결과가 생긴다. 좋지 않은 뜻으로 시작한 일도 중도적이면 좋은 결과가 생긴다. 극단적이면 평화 대신에 다툼이 있고, 관용 대신에 배척이 있고, 사랑 대신에 미움이 있고, 조화 대신에 분열이 있고, 성공 대신에 실패가 있다. 극단적일 때는 항상 어리석음과 함께 자아가 있다. 중도적이면 다툼이 아닌 평화가 있고, 배척이 아닌 관용이 있고, 미움이 아닌 사랑이 있고, 분열이 아닌 조화가 있고, 실패가 아닌 성공이 있다. 중도적일 때는 항상 알아차림과 무아가 있다. 극단적인 것도 자신의 선택이고 중도적인 것도 자신이 선택한다. 자신이 선택한 행위에 대한 과보는 오직 자신이 받는다.

마음은 있지만 보이지 않는다. 보이지 않는다고 없는 것이 아니다. 진리는 있지만 보이지 않는다. 보이지 않는다고 없는 것이 아니다. 보이는 물질세계만 보면 보이지 않는 정신세계를 모른다. 정신세계를 알지 못하면 바르게 아는 것이 아니다. 물질세계만 보면 진실을 반쪽밖에 모른다. 보이지 않는 정신세계를 알아야 진리를 완전하게 안다. 겉으로 드러난 것만 있는 것이 아니다. 겉으로 드러난 것 속에 있는 진실을 발견해야 바른 법을 본다. 이 세상은 보이는 세계의 영역과 보이지 않는 세계의 영역이 있으면서 보이지 않는 힘이 세상을 이끈다. 보이는 대상을 있는 그대로 알아차리면 언젠가 보이지 않는 실재가 드러난다.

누구나 좋은 일만 일어나고 좋지 않은 일이 일어나지 않기를 바라지만 그렇게 되지 않는다. 과거에 좋은 일도 했고, 좋지 않은 일도 했기 때문에 선업과 불선업의 과보를 받기 마련이다. 이미 지나간 일은 어쩔 수 없지만 앞으로 좋은 일이 있기를 바란다면 현재 나타난 대상을 있는 그대로 알아차려야 한다. 이것이 좋은 일이 생기고 좋지 않은 일이 일어나지 않도록 하는 가장 좋은 행위다. 노력도 하지 않고 막연하게 좋은 일만 바라면 결코 좋은 결과를 얻을 수 없다. 가장 좋은 행위는 좋은 일이나 좋지 않은 일이나 일어났으면 알아차리는 것이다. 모든 것을 대상으로 알아차려서 선한 원인을 만드는 것보다 더 이상적인 행위는 없다.

142

관심이 있는 곳에 대상이 있다.

143

수행자가 타인을 경쟁자로 보면 상대의 발전을 시기한다. 상대의 발전을 시기하면 자신이 발전하지 못한다. 수행자가 타인을 동반자로 보면 상대의 발전을 기뻐한다. 상대의 발전을 기뻐하면 자신이 발전한다. 수행자끼리는 경쟁상대가 아니고 함께 고난을 해쳐나가는 동반자다. 법은 누가 가져간다고 해서 줄어들지 않는다. 법은 함께 나눌수록 더 강력한 힘이 생겨 무지를 부순다. 법은 비밀이 없어 누구에게나 문이 열려있다. 자기만 법을 소유하려고 하면 법을 보지 못한다. 수행의 가장 큰 적은 이기심이다. 자기만 알면 존재의 세계를 벗어나지 못해 영원히 윤회계에 머문다. 수행은 개인적인 것이지만 공동의 나눔이 있어야 한다.

144

행복과 불행은 자신이 만든다. 행복과 불행은 한순
간의 느낌이다. 행복과 불행은 감각기관이 느끼지
나의 느낌이 아니다.

145

욕망이 있어서 괴로움이 생기고 괴로움이 있어서
두렵다. 욕망을 잠재우면 괴로움이 잠자며 두려움
도 잠잔다. 욕망을 뿌리 뽑으면 괴로움이 뿌리 뽑히
고 두려움도 뿌리 뽑힌다. 욕망은 있는 그대로 알아
차려서 지혜가 나야 뿌리 뽑힌다.

146

존경하는 사람이 없으면 불행한 사람이다.

147

칭찬에 동요하지 않는 사람은 비난에 동요하지 않는
다. 칭찬을 즐거워하는 사람은 비난을 괴로워한다.

148

행복은 분수에 맞는 행위를 하여 스스로 만족할 때
온다. 행복은 대상을 있는 그대로 알아차려서 진리
를 발견할 때 온다. 행복은 감각적 욕망을 여의고
집착이 소멸할 때 온다. 완전한 행복은 자아가 사라
지고 무아의 지혜가 날 때 온다.

149

세간은 욕망이 지배하고 출세간은 지혜가 지배한다. 욕망이 지배하면 괴로움뿐이고 지혜가 지배하면 행복하다. 세간에서는 힘이 있는 자가 힘이 없는 자를 지배한다. 출세간에서는 지혜가 있는 자가 지혜가 없는 자를 보호한다.

150

감각적 욕망은 정신적인 고양을 퇴보시킨다. 극단적 고행은 지성을 나약하게 한다. 있는 그대로 알아차리는 중도만이 번뇌를 불태워 행복으로 인도한다.

151

사람이 하는 행위는 마음이 있어서 한다. 마음은 항상 이해에 따라 끊임없이 움직인다. 그래서 사람의 마음은 변하기 마련이다. 그러나 대상을 있는 그대로 알아차리면 마음이 이해에 따라 움직이지 않는다. 이것이 단지 있는 그대로의 법으로 보는 방법이다. 가장 수승한 법은 이해에 따라 움직이지 않는 마음으로 알아차릴 때 온다.

옹달샘

6

노력해서 부(富)를 쌓는 것은 기쁜 일이다.

그러나 부를 쌓는 것으로는 반쪽의 기쁨밖에 되지 않는다.
자신이 쌓은 부를 남을 위해 사용했을 때 완전한 기쁨을 누린다.

152

훌륭한 안목을 가진 사람이 훌륭한 법과 훌륭한 스
승을 발견한다.

153

인간이 세상을 사는 것은 희로애락(喜怒哀樂)을 반
복적으로 경험하는 것이다. 살다보면 기쁨과 성냄
과 슬픔과 즐거움이 때와 장소를 가리지 않고 찾아
온다. 이러한 느낌은 영원하지 않아서 일어났다가
사라지지만 그 잔상을 기억하여 오랫동안 지속된
다. 하지만 이런 삶보다 더 나은 삶을 살려면 기쁠
때 기뻐하는 것을 알아차리고, 성낼 때 성내는 것을
알아차리고, 슬플 때 슬퍼하는 것을 알아차리고, 즐
거울 때 즐거워하는 것을 알아차려서 평정을 얻어
야 한다. 희로애락은 세속의 삶이고 희로애락을 알
아차리는 것이 출세간의 삶이다. 세상에는 세속의
삶만 있지 않다. 세속의 삶을 벗어나 해탈의 자유를
누리는 출세간의 삶도 있다.

154

군중 속에 있어도 결국에는 혼자다. 가족이 있어도 결국에는 혼자다. 누구나 혼자 태어나서 혼자 살다가 혼자 죽는다. 어차피 혼자라면 자신의 일은 자신이 해결해야 한다.

155

과거에 한 일을 부끄럽게 느끼고 괴로워하지 마라. 양심과 수치심이 있어서 부끄럽게 느꼈다. 양심과 수치심은 깨끗한 마음의 작용으로 선한 행위다. 현재 선한 마음이 있어 부끄럽게 느꼈으므로 지혜가 난 것이다. 과거에 한 일을 내가 한 일이라고 생각해서 괴롭다. 과거나 현재나 행위를 한 자아는 없다. 과거에 한 행위는 나의 행위가 아니다. 그 순간의 마음이 한 것이며 그 마음은 일어난 순간에 사라졌다. 다만 마음에 종자가 있어서 순간의 마음이 한 과보는 받지만 이것도 자아가 받는 것은 아니다. 과거의 일은 현재가 아니고 단지 과거의 일이다. 과거에 행한 일은 몰랐을 때 한 일이다. 이제 지혜가 나서 알았으면 됐다.

출세간을 지향하는 수행자가 중도를 지키기 위해서 삼가야할 두 가지 극단이 있다. 첫 번째 극단은 감각적 욕망에 대한 집착이다. 감각적 욕망을 집착하는 극단적인 행위는 세속적인 것이며, 천박하고, 아무런 이익이 없다. 그렇다고 해서 모든 물질적인 즐거움을 포기하라는 것이 아니다. 출세간을 지향하는 수행자에게는 오히려 물질적 즐거움이 괴로움이므로 멀리 해야 한다. 두 번째 극단은 자기 억제에 대한 집착이다. 일의 경중을 가리지 않고 지나치게 자기 억제를 할 경우에는 자신을 학대하게 된다. 출세간에서 추구하는 것은 사물을 통찰하는 궁극의 지혜를 얻는 것이다. 자기를 학대하는 고행으로는 결코 통찰지혜를 얻지 못한다.

범부에게는 감각적 즐거움이 최고의 행복이다. 감각적 즐거움은 얻을수록 목마르며 일시적이다. 성자에게는 감각적 즐거움의 소멸이 최고의 행복이다. 감각적 즐거움에 대한 집착이 소멸하면 모든 번뇌가 소멸한다.

범부는 대상의 겉모양을 보고 옳고 그름을 판단한다. 범부는 감각적 즐거움을 최상의 행복으로 알아 괴로움에서 벗어나지 못한다. 출세간의 현자는 대상의 실재를 보고 있는 그대로 판단한다. 지혜가 있으면 감각적 욕망의 즐거움이 괴로움의 원인이라고 알아 괴로움에서 벗어난다.

159

욕망은 모든 것을 집착하게 하고 괴로움이란 결과
를 남긴다.

160

붓다가 선언한 네 가지의 성스러운 진리는 고집멸
도(苦集滅道)다. 괴로움이 있고, 괴로움의 원인은
집착이고, 괴로움은 소멸될 수 있으며, 괴로움의 소
멸에 이르는 길은 팔정도다. 진리는 있는 그대로의
것을 말하며 누구에 의해서 만들어진 것이 아니고
있는 것을 발견해서 드러난다. 있는 그대로의 것은
논쟁의 여지가 없다. 진리는 아무리 시간이 흘러도
변하지 않는다. 그것은 하나의 질서이기 때문이다.
이러한 진리는 번뇌가 완전하게 불탄 사람에 의해
서 발견된다. 깨달은 자에 의해 발견된 진리는 인간
이면 누구나 발견할 수 있다. 진리를 발견할 수 있
는 방법은 양극단을 배제한 중도며, 이것이 팔정도
고 위빠사나 수행이다.

이 세상은 세 가지의 법이 지배한다. 항상 하는 것이 없어 무상하고, 변하기 때문에 괴로우며, 무상과 고를 내 마음대로 할 수 없어 무아다. 마음은 있지만 내 마음이 아니다. 어디에도 내가 소유하는 마음은 없으며, 영원히 변하지 않는 마음은 없다. 자아는 오온 중의 어느 것에도 있지 않고, 오온의 전부에도 있지 않고, 오온의 바깥에도 있지 않다. 오직 조건에 의해 일어나고 사라지는 순간순간의 마음만 있다. 항상 하거나 변하지 않는 절대적인 마음은 없다. 없는 자아를 있다고 하는 것이 관념이다. 바로 이것이 가장 큰 어리석음이다. 어리석음이 이끌어 가는 세계에서는 끝없는 윤회를 해서 태어나고 죽는 괴로움이 연속된다.

위빠사나 수행은 사유하지 않고 직접 대상을 알아차린다. 사유는 생각이지만 대상을 알아차리는 것은 실천이다. 사유할 때 사유하는 것을 알아차리면 관념이 실재로 바뀌어 있는 그대로의 진실을 본다. 흔히 비운다고 할 때 비운다는 것은 생각이다. 대상을 있는 그대로 알아차리면 그 순간에 탐욕이 소멸하여 자연스럽게 비워진다. 생각으로는 아무리 비우려 해도 실천적인 알아차림이 없으면 번뇌가 소멸하지 않는다. 버린다는 것도 생각이다. 아무리 버리려 해도 버려지지 않는 것은 버린다는 것이 생각이기 때문이다. 버리려고 하는 대상을 있는 그대로 알아차리면 고요함이 생기고 통찰지혜가 성숙하여 자연스럽게 번뇌가 소멸한다.

죽을 때 잠을 자듯이 편안하게 죽기를 바라지마라. 편안하게 죽는 것만 최선의 죽음은 아니다. 편안하게 죽는다고 해도 평소의 마음이 무명과 갈애이기 때문에 불선과보를 받아 태어난다. 죽기 전에 고통이 있거나 없거나 상관없이 알아차리면서 죽을 수 있기를 바라야 한다. 고통이 없기를 바라지만 내 의지대로 되지 않는다. 고통이 있을 때 괴로움을 알아차리면 죽는 순간에 사는 것이 괴로움이라는 지혜가 나서 선한과보를 받는다. 알아차리면서 죽으면 계율을 지키고 집중이 된 상태에서 지혜로 죽을 수 있다. 이러한 죽음을 원인으로 깨달음을 얻어 윤회가 끝날 수 있고, 다음 생에 선한과보를 받아 훌륭하게 태어날 수 있다.

몸과 마음을 자신의 소유라고 생각하는 한 괴로울 수밖에 없다. 몸과 마음을 자기 마음대로 하려고 할 것이기 때문이다. 몸과 마음이 나의 것이라면 몸과 마음에게 '이렇게 해라, 저렇게 해라' 하고 지시하면 그대로 되어야 하겠지만 그럴 수 없다. 죽을 때도 '호흡아 멈추지 마라' 하고 명령해도 호흡은 멈출 수밖에 없다. 몸과 마음이 자신의 소유가 아니고 조건에 의해 형성된 것이라고 알아야 괴롭지 않다. 몸과 마음을 자신의 마음대로 할 수 없다는 것을 알기 때문이다. 몸과 마음이 나의 것이 아니기 때문에 지시를 해도 될 수 없는 것을 알아 자연의 이치에 순응하면 불필요한 욕망이 사라져 괴롭지 않다. 이것이 궁극의 깨달음이다.

무조건 믿는 맹목적 믿음을 가지면 합리적인 이해를 할 수 없다. 합리적으로 이해하지 못하면 어리석음에 빠져 괴롭게 산다. 탐구해보고 믿는 확신에 찬 믿음을 가지면 합리적인 이해를 한다. 합리적으로 이해하면 지혜를 가져 행복하게 산다.

깨달음은 오직 중도에 의해서만 실현될 수 있다. 중도를 실천하면 감각적 욕망과 극단적 고행이 아닌 대상을 있는 그대로 알아차린다. 감각적 욕망과 극단적 고행을 하는 상태에서는 결코 사물을 바르게 알아차릴 수 없다. 아무런 바람 없이 억제하지 않고 알아차려야 있는 그대로 볼 수 있다. 있는 그대로 알아차리면 잠재의식에 저장된 선입관으로 대하지 않는다. 선입관 없이 대하면 편견을 갖지 않아 사물의 진실을 알 수 있다. 중도는 단지 대상과 아는 마음만 있어 어떤 차별도 일으키지 않는다. 이렇게 되었을 때 대상을 대하는 마음이 평온해진다. 평온한 상태에서만 사물의 이치를 통찰하여 무상, 고, 무아의 법을 발견한다.

눈, 귀, 코, 혀, 몸, 마음의 여섯 가지 감각기관을 통해서 일어나는 욕망이 감각적 욕망이다. 욕망은 반드시 여섯 가지 감각기관의 문을 통해서 들어온다. 감각기관의 문에 알아차림이란 문지기가 있으면 감각적 욕망이란 도둑이 들어오지 못한다. 알아차림이란 문지기가 없으면 감각적 욕망이란 도둑이 들어와 주인행세를 하며 몸과 마음을 마음대로 지배한다. 감각적 욕망이 일어나면 일어난 만큼 괴로움이 따른다. 감각적 욕망을 여의면 여읜 만큼 즐거움이 따른다. 감각적 욕망은 무상한 것이며 괴로움이며 나의 것이 아니다. 감각적 욕망에서 벗어날 때 지고의 행복이 있다. 감각적 욕망의 혐오에서 벗어나 초연해지는 것이 해탈의 자유다.

168

괴로움을 자각하여 구도의 길을 선택하고, 괴로움
을 극복해서 해탈에 이른다. 괴로움을 자각하지 못
하면 구도의 길을 선택하지 않고, 괴로움을 극복하
지 못해 윤회를 한다.

169

모든 소유로부터 자유로울 때 집착으로부터 자유롭
다. 집착으로부터 자유로울 때 욕망으로부터 자유
롭다. 욕망으로부터 자유로울 때 느낌으로부터 자
유롭다. 느낌으로부터 자유로울 때 몸과 마음으로
부터 자유롭다. 몸과 마음으로부터 자유로울 때 열
반에 이르러 완전한 행복을 얻는다.

170

선한 인연도 항상 가까이 있고, 악한 인연도 항상 가까이 있다.

171

태어남은 괴로움이다. 태어남은 최선의 결과가 아니다. 다시 태어나지 않는 것이 최선의 결과다.

172

내가 칭찬을 받고, 내가 비난을 받는다고 생각하면 바른 견해가 아니다. 칭찬과 비난은 단지 말하는 자의 견해다. 말하는 자의 자아나, 듣는 자의 자아는 없다. 칭찬과 비난에 흔들리지 않는 사람이 지혜로운 자다.

173

안에서 일어난 괴로움을 밖으로 드러내지 마라. 밖에서 일어난 괴로움을 안으로 끌어들이지 마라. 괴로움은 일어난 곳에서 일어난 즉시 알아차려라.

174

노력해서 부(富)를 쌓는 것은 기쁜 일이다. 그러나 부를 쌓는 것으로는 반쪽의 기쁨밖에 되지 않는다. 자신이 쌓은 부를 남을 위해 사용했을 때 완전한 기쁨을 누린다.

위빠사나 수행을 할 때 장애가 나타나면 나타난 장애가 알아차릴 대상이다. 알아차릴 대상은 법이다. 법은 바라거나 없애야할 대상이 아니고 단지 수행의 주제다. 수행의 대상은 항상 현재 나타난 것이다. 다섯 가지 장애인 감각적 욕망이 나타나면 감각적 욕망이 알아차릴 대상이다. 악한 의도가 나타나면 악한 의도가 알아차릴 대상이다. 혼침과 게으름이 나타나면 혼침과 게으름이 알아차릴 대상이다. 들뜸과 회한이 나타나면 들뜸과 회한이 알아차릴 대상이다. 회의적 의심이 나타나면 회의적 의심이 알아차릴 대상이다. 다섯 가지 장애는 저 스스로를 자양분으로 삼아 더 커지기 때문에 나타난 대상을 있는 그대로 알아차려야 한다.

176

위빠사나 수행은 꿈이 아닌 실재하는 현실을 있는 그대로 알아차리는 수행이다.

177

바른 법은 계율에 의해서 보존된다. 그러나 계율이 바른 법 위에 군림해서는 안 된다. 계율은 단지 바른 법을 보호하기 위해서 지켜야 한다.

178

지혜로운 자는 어진 사람을 사귀고 어진 스승을 섬긴다. 어리석은 자는 어질지 못한 자를 사귀고 어질지 못한 스승을 섬긴다. 바른 정신은 바른 정신끼리 만난다. 바르지 못한 정신은 바르지 못한 정신끼리 만난다.

179

진리를 말하는 백 마디 언어보다 단 한순간의 알아
차림이 더 필요하다.

180

남이 존경하는 훌륭한 사람이 되려면 자기희생이
따라야 한다. 감각적 욕망에 대한 절제 없이는 남의
모범이 될 수 없다.

181

모든 종교는 절대적인 믿음을 강조한다. 믿음이 없
으면 회의적인 의심을 해서 들뜸이 해결되지 않아
불안정하다. 그러나 불교에서는 무조건적인 믿음을
강요하지 않는다. 불교에서는 바른 믿음을 갖기 위
해서 수행을 필요로 한다. 수행을 통해서 생긴 지혜
로 확신에 찬 믿음을 가져야 사물을 바르게 인식할
수 있다. 그러므로 수행을 실천하지 않는다면 진정
한 깨달음을 완성할 수 없다.

옹달샘

7

고난이 삶을 더 견고하게 한다.

괴로움이 있어서 몸과 마음을 알아차리는 수행을 하면
고요함과 지혜가 열려 고난을 극복할 수 있다.

182

삶이 덧없는 것이지 나의 삶이 덧없는 것이 아니다. 삶이 덧없어 슬픈 것은 나의 삶이라고 생각하기 때문이다. 덧없는 것은 실재하는 현상이지만 이것을 소유하는 자아는 없다. 여기에는 단지 덧없는 정신과 물질만 있다.

183

세상의 일은 내가 좋다고 해서 내 마음대로 할 수 있는 것이 아니다. 내가 싫다고 해서 내 마음대로 하지 않을 수 있는 것도 아니다. 사람이 살면서 하는 일에는 일정한 규범이 있어서 자신의 의사와는 다르게 해야 할 일과 하지 말아야 할 일들이 있다. 좋거나 싫은 것은 자신의 감정이고 불가피한 상황은 실재하는 현실이다. 이런 상황에서 어차피 해야 할 일이라면 좋거나 싫은 느낌 없이 단지 대상으로 알아차려야 한다. 좋을 때 좋아하는 것을 알아차리면 욕망에 빠지지 않는다. 싫을 때 싫어하는 것을 알아차리면 성냄을 일으키지 않는다. 좋거나 싫은 느낌이 있을 때마다 알아차리면서 하면 갈애가 일어나지 않아 걸림이 없다.

184

누구도 남의 오염을 씻어줄 수 없으며 그렇다고 남을 더럽힐 수도 없다. 오직 자신에 의해 오염이 씻기고 자신에 의해 더럽혀진다. 그러므로 남에 의존하지 말고 자신의 노력으로 스스로를 정화해야 한다. 세상의 모든 문제가 결국에는 자신의 선택에 따라 결정된다.

185

처음부터 모든 것을 완벽하게 알 수는 없다. 내가 모른다고 해서 무조건 내치지마라. 몰라도 내치지 않으면 언젠가 진실을 알 수 있다. 모른다고 내치면 영원히 모르고, 몰라도 내치지지 않으면 언젠가는 안다. 누구나 모르는 것을 알 때는 자기 지혜만큼 안다. 그러므로 모를 때는 먼저 모른다는 사실을 받아들여야 한다. 이것이 아는 길로 가는 첩경이다. 모르는 것은 나지 진실이 아니다. 진실은 나와 상관없이 항상 그대로 있다.

186

환상이 깨진 자리에 진실이 있다. 그 진실이 괴로움
일지라도 있는 그대로의 진실을 받아들여야 한다.

187

과거로부터 자유롭지 못하면 현재도 자유롭지 못하
고 미래도 자유로울 수 없다. 과거로부터 자유로우
려면 과거는 과거의 일로 두어야 한다. 그러기 위해
서는 과거를 보는 현재의 마음을 알아차려야 한다.
과거는 나의 과거가 아니고 단지 과거일 뿐이다. 과
거가 나의 과거라고 생각하면 영원히 자유롭지 못
하다. 모든 괴로움의 원인에는 과거가 있고 거기에
는 반드시 자아가 있다.

188

버려야 얻는다.

189

화는 자신의 사랑과 평화를 파괴하고 지혜가 일어나
지 못하게 억누른다. 화는 화를 내는 자를 불태운다.

190

남의 말은 단지 남의 말일 뿐이다. 남의 말에 귀를
기울이되 남의 말을 전적으로 신뢰하지 마라. 전통
은 단지 전통일 뿐이다. 전통은 존중하되 전통이라
고 전적으로 신뢰하지 마라. 남의 말이나 전통은 관
념이고 자신이 직접 체험해서 얻은 경험은 실재다.
관념보다는 실재에 근거할 때 바르게 판단한다.

사람과 사람 사이에서 일어나는 모든 문제는 사람의 마음 때문에 생긴다. 마음은 잠시도 쉬지 않고 일어나고 사라지면서 선한 마음과 선하지 못한 마음을 일으킨다. 여기에 이미 만들어진 선과보의 마음과 불선과보의 마음이 끊임없이 일어나서 현재의 마음에 영향을 준다. 과거에 행한 선업의 힘으로 생긴 잠재적 성향은 현재의 불선심을 선심으로 바꾸게 한다. 과거에 행한 불선업의 힘으로 생긴 잠재적 성향은 현재의 선심을 불선심으로 바꾸게 한다. 그래서 현재의 마음은 과보심의 지배를 받는다. 또 상대의 마음을 배려하지 못하고 자신의 입장에서만 마음을 내기 때문에 사람들의 관계는 문제가 끊이지 않아 괴로움을 안고 산다.

192

행복할 때 행복을 감사하게 여겨라. 언제 불행이 올
지 모른다. 불행할 때 불행을 알아차려라. 불행은
반드시 끝이 있다.

193

다른 생명을 죽여서 과보를 받는 데는 다섯 가지 조
건이 성숙되어야 한다. 첫째, 살아있는 존재가 있는
것. 둘째, 살아있는 존재라고 아는 것. 셋째, 살아있
는 존재를 죽이려는 의도를 갖는 것. 넷째, 살아있
는 생명을 죽이려는 행위를 하는 것. 다섯째, 결과
적으로 살아있는 존재가 죽는 것. 이상의 다섯 가지
조건이 성숙될 때 살생의 과보를 받는다. 살생의 과
보는 악한 사람을 죽이는 것보다 선한 사람을 죽이
는 것이 크고, 작은 짐승보다 큰 짐승을 죽이는 것
의 과보가 더 크다. 살생의 악한 과보를 받을 때는
수명이 짧아 단명하고, 온갖 질병에 시달리며, 사랑
하는 사람과 일찍 헤어지기 때문에 항상 슬프고 두
려움 속에서 산다.

194

습관은 또 하나의 본성이다. 습관이 성격을 형성한다.

195

과거의 잘못이 현재의 괴로움을 만들고 미래를 두렵게 한다. 수행은 과거의 잘못을 알아차려서 현재의 괴로움을 소멸시키고 미래의 두려움을 제거한다.

196

은혜를 갚는 것은 선행의 기본이다. 특히 깨달음을 얻도록 법을 주신 스승의 은혜와 나를 낳아주신 부모님의 은혜는 갚을 길이 없다. 은혜를 갚는 최선의 방법은 스승과 부모님의 가르침에 따라 바르게 사는 것이다.

197

잠에서 깨어난 것에 감사합니다. 잠들게 된 것에 감사합니다. 오늘 하루를 지낸 것에 감사합니다.

198

수행은 남보다 정신적으로 우월한 능력을 얻기 위해서 하는 환상적인 것이 아니다. 수행은 자신의 내면에 있는 쓰라린 정신적 번뇌의 실재를 발견하기 위해서 한다.

199

사람은 많다. 그러나 바른 수행자는 적다. 그만큼 잘못된 견해가 많고, 선업의 조건이 성숙되기 어렵기 때문이다.

200

바르게 생각하고, 생각한 대로 말하고, 말한 대로
행동하는 것이 진실이다.

201

위빠사나 수행의 대상은 일어난 곳에서, 일어난 즉
시, 있는 그대로 알아차려야 한다. 위빠사나 수행의
궁극의 목표는 무상, 고, 무아를 알아 모든 번뇌를
끊는 것이다. 이곳에서 일어난 것을 저곳에서 알아
차리면 무상의 지혜가 날 수 없다. 일어난 즉시 알
아차리지 않으면 현재를 알아차리지 못하고 과거를
알아차리는 것이며 그 사이에 번뇌가 들어와 대상
을 바르게 알아차릴 수 없다. 있는 그대로 알아차리
지 않으면 선입관을 가지고 보기 때문에 생각에 빠
져 대상의 바른 성품을 알 수가 없다.

202

감각적 욕망은 자기가 가진 것을 집착하면서 남이 가진 것을 싫어한다. 그래서 자신에게도 해로울 뿐만 아니라 남에게도 해를 끼친다.

203

수행 중에 하기 싫은 마음이 일어났을 때는 하기 싫은 마음이 알아차릴 대상이다. 하기 싫은 마음을 알아차린 뒤에 가슴으로 가서 하기 싫은 마음으로 인해 일어난 느낌을 알아차려야 한다. 하기 싫은 마음은 불선업의 과보로 인해 나타난 게으름이다. 이러한 불선심이 일어났을 때는 이것이 이익인지 아니면 손실인지 알아차려야 한다. 수행 중에 망상이 일어났을 때도 이처럼 해야 한다. 망상을 할 때도 망상한 마음을 알아차린 뒤에 가슴으로 가서 망상으로 인해 일어난 느낌을 알아차려야 한다. 수행은 새로운 선업을 쌓는 일로, 과거의 습관으로부터 자유롭게 한다. 몸과 마음을 알아차리는 노력 없이는 새로운 세계를 열지 못한다.

고난이 삶을 더 견고하게 한다. 괴로움이 있어서 몸과 마음을 알아차리는 수행을 하면 고요함과 지혜가 열려 고난을 극복할 수 있다.

이익을 보았을 때는 기쁘고 손해를 보았을 때는 기분이 나쁘다. 그러나 이익과 손해로 인해 기분이 좋고 나쁜 것은 순간적으로 일어나서 사라지는 느낌이다. 그러므로 이익이나 손해에 너무 연연해서는 안 된다. 이익과 손해는 동전의 양면과 같다. 이익이었던 것이 오히려 손해가 될 수 있고, 손해였던 것이 오히려 이익을 가져올 수 있다. 수행자는 이익을 보았을 때 이익이 있는 것을 알아차려서 이익에 취하지 말아야 한다. 손해를 보았을 때도 손해를 본 것을 알아차려서 손해에 너무 괴로워하지 말아야 한다. 이익과 손해는 단지 알아차릴 대상에 불과하다. 이 세상에는 궁극의 진리가 아니면 영원한 이익도 없고 영원한 손해도 없다.

206

내가 말하는 소리나 남이 말하는 소리를 귀 기울여
듣되 알아차리면서 들어야 한다. 그래야 버릴 것은
버리고 취할 것은 취할 수 있다.

207

과거의 행위는 이미 지나간 일이다. 과거는 단지 기
억 속에서만 작용할 뿐이다. 과거는 실재하지 않는
관념이다. 관념에 매달려 있는 한 바른 견해를 가질
수 없고 바른 미래도 예약하기 어렵다. 잘못된 과거
는 단지 알아차릴 대상으로 삼아서 현재를 튼튼하
게 해야 한다.

208

평화는 한 개인의 존엄성이 존중되는 것으로부터
출발한다.

209

모든 만남과 헤어짐은 인연에 따라 일어나고 사라
진다. 인연에 따라 만나고 인언이 다하면 헤어진다.
그래서 세상사가 자기 마음대로 되지 않는다. 오는
것도 인연으로 여겨 받아들여야 하고, 떠나가는 것
도 인연으로 여겨 떠나보내야 한다. 윤회가 끝나 새
로 태어나지 않는 한, 누구도 인연의 지배를 받지
않을 수 없다.

210

사람은 기억하면서 살고 잊어버리면서 산다. 만약 기억하지 못하거나 잊어버리지 못한다면 정신병자로 살 것이다.

211

세상을 사는 일이란 자신의 몸과 마음에 대한 것이다. 자신의 여섯 가지 감각기관이 여섯 가지 감각대상과 접촉하는 것이 세상일의 전부다. 바른 세상을 살기 위해서는 항상 자신의 몸과 마음을 알아차려야 한다.

212

나를 찾지 마라. 나를 찾으면 내가 있다는 것을 전제로 시작하기 때문에 궁극의 실재인 무아의 법을 보지 못한다. 나를 알아차려라. 내가 있다는 것을 전제하지 않고 정신과 물질을 있는 그대로 알아차려야 궁극의 실재인 무아의 법을 본다.

옹달샘

8

고통은 한계점에 이른 뒤에

반드시 사라지는 때가 온다. 그때까지 고통에 지지 말고
인내하면서 알아차려야 한다.
그러면 전에 경험하지 못한 새로운 정신세계가 열린다.
이것이 지혜다.

행복하지 못해 불행하고 불행하기 때문에 행복하지 못하다. 세간의 행복은 자신이 얻고자 하는 감각적 욕망이 충족되었을 때 생긴다. 세간의 불행은 자신이 얻고자 하는 감각적 욕망이 충족되지 못했을 때 생긴다. 그러나 감각적 욕망은 영원한 것이 아니고 일어난 순간에 사라지는 일시적인 것이다. 그러므로 세간의 행복과 불행은 한순간의 느낌의 연속일 뿐이다. 출세간의 행복은 몸과 마음을 알아차려서 자아가 없는 것을 알아서 오는 평화로움이다. 출세간에서는 모든 감각적 욕망을 극복하여 행복과 불행을 초월한 오직 평화로움만 있다. 출세간의 평화를 얻으려면 자신의 몸과 마음을 알아차려서 항상 현재에 머물러야 한다.

214

존재하면 여러 가지 괴로움에 노출된다. 심지어 행복조차도 결국에는 괴로움을 일으킨다. 존재의 괴로움에서 벗어나려면 감각적 욕망을 충족시키려 하지 말고, 극단적인 행동으로 몰고 가지 말아야 한다. 이 상의 두 가지 극단을 추구하지 않고 있는 그대로 받아들일 때만 존재의 괴로움에서 벗어날 수 있다.

215

남이 한 말을 듣거나 글을 읽을 때 문자에 빠지지 마라. 말과 글은 관념이다. 중요한 것은 말이나 글이 내포하고 있는 진정한 의미다. 이 의미가 관념을 뛰어넘는 실재다. 관념은 표피적인 것이라서 형식이다. 실재는 의미라서 대상이 가지고 있는 내용이다. 형식을 뛰어넘어 대상이 가지고 있는 내용을 알아야 진리를 발견할 수 있다.

방황의 연속은 윤회고, 방황의 끝은 열반이다. 감각적 욕망을 가지면 언제나 더 좋은 것을 찾아 끝없는 윤회를 한다. 감각적 욕망이 소멸하면 더 이상 좋은 것을 찾지 않아 방황이 끝나는 열반에 이른다. 세간에서는 감각적 욕망의 지배를 받아 좋은 것을 가졌음에도 더 좋은 것을 원한다. 나쁜 것을 가졌음에도 더 나쁜 것을 원한다. 이런 감각적 욕망으로 인해 다시 태어나는 괴로움을 겪는다. 출세간에서는 감각적 욕망의 지배를 받지 않아 좋은 것이나 나쁜 것을 가리지 않고 있는 그대로 알아차린다. 있는 그대로 알아차릴 때만 무명과 갈애가 사라져 다시 태어나지 않는다. 이것이 괴로움을 끝나게 하는 위빠사나 수행의 알아차림이다.

217

세상을 살면서 좋은 것도 보고, 좋지 않은 것도 보아야 한다. 좋은 것을 볼 때는 받아들이고, 좋지 않은 것을 볼 때는 받아들이지 마라.

218

몸이 아프면 괴롭고 기분이 나쁘다. 물질적 현상으로 인해 정신적 현상이 영향을 받는다. 몸이 아플 때 단지 몸이라는 물질적 현상을 있는 그대로 알아차리면 그것을 지켜보는 정신적 현상은 괴로움에 빠지지 않는다. 마음이 아프면 괴롭고 몸이 아프다. 정신적 현상으로 인해 물질적 현상이 영향을 받는다. 마음이 아플 때 단지 마음이라는 정신적 현상을 있는 그대로 알아차리면 그것을 받아들이는 물질적 현상은 영향을 받지 않는다. 정신과 물질은 함께 있지만 각각의 위치에서 다른 역할을 한다. 정신과 물질의 역할을 분리해서 알아차리는 것이 위빠사나 수행의 첫 번째 지혜다. 이것을 정신과 물질을 구별하는 지혜라고 한다.

219

자애와, 동정과, 함께 기뻐함과, 평정이란 네 가지 덕스러운 마음은 인간을 숭고하게 한다. 이러한 자비희사(慈悲喜捨)가 바탕이 될 때 위빠사나 수행의 지혜가 계발된다.

220

인간의 마음은 가장 성스러울 수도 있고 가장 흉악할 수도 있다. 인간이 자신의 본능을 절제하면 성스러운 마음을 가질 수 있다. 그러나 본능대로 살면 가장 흉악한 마음을 가질 수 있다. 인간이 자신의 몸과 마음을 알아차려서 스스로 정화하면 자신의 평화는 물론 인류의 등불이 된다. 그러나 자기 마음대로 살면 자신의 괴로움은 물론 사회에 해악을 끼친다. 본능은 편견을 유발한다. 자신의 몸과 마음을 있는 그대로 알아차리면 국가적 편견, 민족적 편견, 종교적 편견, 사상적 편견, 정치적 편견을 갖지 않고 성스러운 길로 갈 수 있다. 그러나 자신의 감각적 욕망대로 살면 이런 모든 편견을 갖게 되어 숭고한 사랑과 평화를 파괴한다.

221

내게 주어진 괴로움이 원인에 의한 결과라면 기꺼이 받아들이겠습니다.

222

나의 전생과 내생이 있는 것이 아니다. 과거의 원인이 현재의 결과로 왔고, 현재의 원인이 미래의 결과로 간다. 전생과 내생이 있다고 생각하면 과거의 내가 현재의 내가 되었다고 생각하고, 현재의 내가 미래의 내가 된다는 견해를 갖는다. 이것은 자아가 있다는 견해로 붓다에 의해 밝혀진 무아의 지혜와는 반대되는 견해다. 전생의 생명은 전생으로 끝나고, 전생에서 만든 업이 현생의 결과로 온다. 이때 내가 온 것이 아니고 과보가 온다. 그러므로 전생과 현생과 내생에 '나' 라고 하는 자아가 없다. 다만 여기에는 원인과 결과라는 인과응보가 있어서 생명이 상속될 뿐이다. 이러한 상속을 연기, 또는 윤회라고 하거나 재생이라고 한다.

223

누구나 자기 몸에 귀의 하듯이 마음은 자기 견해에
귀의한다.

224

내가 있다고 하는 자아가 있으면 남과 완전한 평화
를 이룰 수 없다. 나라고 하는 자아가 없을 때만 남
과 공존할 수 있어 진정한 평화를 이룰 수 있다. 나
를 내세우면서 상대에게 관용을 기대하지 마라. 나
를 내세우지 않을 때, 상대가 마음을 열고 받아들인
다. 세상은 나와 남이 더불어 사는 곳이다.

무한한 사랑은 살아있는 모든 생명을 똑같이 사랑
한다. 남이나 자신이나 자신과 적대적인 존재에 대
해서도 공평하게 사랑할 때 무한한 사랑을 구현할
수 있다. 무한한 사랑은 남을 위해 자신을 희생하지
않는다. 자기 자신의 희생으로 이루어진 사랑은 무
한한 사랑과는 다른 숭고한 덕에 속한다. 누군가의
희생을 통해서 얻는 사랑은 숭고한 덕일 뿐이므로
무한한 사랑이 될 수 없다. 아무 조건 없는 사랑을
할 때, 걸림이 없는 가장 숭고한 사랑을 할 수 있다.
남의 희생을 담보로 얻는 사랑은 무한한 사랑이 될
수 없어 출세간의 사랑이 아니다. 모든 존재가 치우
침이 없는 공평한 사랑을 할 때 진정한 출세간의 사
랑이 이루어진다.

생각과 말과 행위는 모두 마음에서 나온다. 그러나 생각하는 마음과 말하는 마음과 행위 하는 마음은 서로 다른 마음이다. 지식으로 말할 때는 생각과 말과 행위가 관념에 그친다. 그래서 생각 따로, 말 따로, 행위가 따로 라서 일관성이 없다. 아무리 좋은 말이라도 관념으로 말할 때는 단지 생각에 불과하다. 이때 그렇게 되기를 바라는 의도는 있지만 실재로 진실한 행위가 이루어지지 못한다. 지혜로 말할 때는 생각과 말과 행위가 실재라서 일관성이 있다. 지혜로 생각하고 말하고 행동할 때만 진실하다. 사람들은 사랑과 평화를 말하지만, 지식으로 말하면 단지 소망에 불과하다. 오직 지혜로 말할 때만 실천이 따라서 진실하다.

227

고통은 한계점에 이른 뒤에 반드시 사라지는 때가 온다. 그때까지 고통에 지지 말고 인내하면서 알아차려야 한다. 그러면 전에 경험하지 못한 새로운 정신세계가 열린다. 이것이 지혜다.

228

위빠사나 수행은 수행자의 몸의 조건, 마음의 조건, 시간의 조건, 환경의 조건, 과보의 조건 등에 따라 항상 다르다. 그래서 수행이 언제든지 한결같을 수 없다. 수행자는 이러한 조건들에 의해 나타난 현상을 있는 그대로 알아차려야 한다. 이러한 알아차림이 수행 중에 나타난 모든 조건을 극복하는 유일한 길이다. 망상을 할 때는 망상하는 것을 알아차리고, 졸음이 올 때는 졸음이 오는 것을 알아차리고, 통증이 있을 때는 통증이 있는 것을 알아차리고, 집중이 안 될 때는 집중이 안 되는 것을 알아차려야 한다. 수행을 잘하려고 하는 것은 탐욕이고, 수행이 안 된다고 짜증을 내는 것은 성냄이고, 이것을 모르는 것이 어리석음이다.

229

탐욕이 없는 자리에 관용이 있다. 맹목적으로 받아들이면 관용이 아니다. 확신에 찬 믿음을 가지고 받아들여야 진정한 관용이다. 진정한 관용은 사랑과 지혜가 함께 있어야 일어난다.

230

모든 괴로움의 원인은 몸과 마음을 가지고 있기 때문이며, 몸과 마음에 대한 욕망을 집착하기 때문이다. 이러한 원인으로 인해 괴로움이란 결과가 생긴다. 모든 괴로움에서 해방되려면 몸과 마음을 있는 그대로 알아차려서 갈애와 집착이 소멸되어야 한다. 몸과 마음을 있는 그대로 알아차리면 느낌에서 갈애가 일어나지 않아 집착으로 진행되지 않는다. 그래서 다시 태어날 업을 생성하지 않아 괴로움의 결과인 재생이 끊어진다. 오온을 단지 무더기들의 결합으로 알아 자아가 없는 오온으로 알아차리면 오온을 집착하지 않는다. 오온을 집착히지 않으면 괴로움이 순간적으로 소멸하고 이러한 과정에 의해 궁극에는 완전한 소멸에 이른다.

231

지식은 괴로움을 극복하지 못하고, 지혜는 괴로움
을 극복한다.

232

인간의 마음은 항상 변하기 때문에 인간의 행위는
상황에 따라서 더 나아질 수도 있고, 더 나빠질 수
도 있다. 인간의 행위가 더 나아졌다고 해서 이것
이 계속된다는 보장은 없다. 그러므로 항상 칭찬 받
을 수는 없다. 칭찬을 받을 때 칭찬을 받는 자가 있
는 것이 아니다. 단지 좋은 원인과 결과가 있을 뿐
이다. 인간의 행위가 더 나빠졌다고 해서 이것이 계
속된다는 보장도 없다. 그러므로 항상 비난을 해서
도 안 된다. 남을 비난할 때 상대가 처한 원인을 모
르면 바르게 판단한 것이 아니다. 남을 비난하는 자
신의 행위도 완전할 수 없다. 비난을 받을 때도 비
난을 받는 자가 있는 것이 아니다. 단지 좋지 못한
원인과 결과가 있을 뿐이다.

행복과 불행은 자신이 만든 결과다. 이러한 결과를 있는 그대로 알아차리면 행복과 불행은 단지 느낌에 불과하다. 느낌은 일어난 순간에 사라지고 즉시 새로운 느낌이 일어난다. 일어난 느낌과 이것을 아는 마음은 매우 짧은 순간에만 존재하며 영원하지 않다. 행복할 때 행복한 것을 알아차려야 새로운 불행을 겪지 않는다. 불행할 때 불행한 것을 알아차려야 새로운 행복을 맞이할 수 있다. 자신과 적대적인 대상이 불행을 겪을 때 이것을 즐거워하면 안 된다. 남의 불행을 즐거워하는 것은 자신의 감각적 욕망을 충족시키는 탐욕이며, 남을 미워하는 것은 성냄이다. 이러한 어리석음은 불선심이라서 피해를 보는 것은 오직 자기 자신이다.

234

힘이 있다고 남을 곤경에 빠뜨리면 언젠가 그만큼
의 과보를 받는다.

235

몸과 마음의 실재하는 성품은 일어나고 사라지는
무상이다. 태어남은 일어나고 사라짐이다. 성장은
일어나고 사라짐이다. 늙음은 일어나고 사라짐이
다. 죽음은 일어나고 사라짐이다. 일어나고 사라지
는 것이 무상이다. 일어나고 사라지는 무상을 아는
것이 괴로움이다. 자아가 있어서 괴로움을 해결하
려고 해도 해결할 수 없는 것을 아는 것이 무아다.
몸과 마음은 무상하고 괴로움이며 무아라는 법을
알 때만 번뇌에서 벗어난다.

업은 지은 대로 작용하는 힘을 가지고 있으면서 반대되는 업을 중화시키는 작용을 한다. 선업을 지으면 선업의 과보를 받으며 불선과보가 들어올 여지를 가로막는다. 그러므로 이로운 업은 이로운 과보를 가져오면서 해로운 과보가 들어오지 못하도록 한다. 불선업을 지으면 불선업의 과보를 받으며 선과보가 들어올 여지를 가로막는다. 그러므로 해로운 업은 해로운 과보를 가져오면서 이로운 과보가 들어오지 못하도록 한다. 선업을 쌓아 좋은 가정에 태어나거나 좋은 직업을 얻으면 그만큼 불선업이 작용할 여지가 줄어든다. 불선업을 쌓아 나쁜 가정에 태어나거나 좋은 직업을 얻지 못하면 그만큼 선업이 작용할 여지가 줄어든다.

변화를 거부하는 것이 어리석음이고, 변화를 받아
들이는 것이 지혜다.

좋아하는 것은 감각적 욕망이다. 더 많이 좋아하는
것은 집착이다. 계속 좋아하는 것은 괴로움이다. 좋
아하는 것에도 균형이 필요하다. 감각적 욕망을 집
착하면 어리석음에 빠져 괴로움을 겪는다. 좋아하
는 것을 알아차리면 치우침이 없어 괴로움을 겪지
않는다. 괴로움을 겪지 않도록 하는 균형이 중도며
팔정도고 위빠사나 수행의 알아차림이다.

선업과 불선업은 저절로 되는 것이 아니고 모두 노력으로 이루어진다. 선업을 쌓기 위해서는 선한 의도를 가지고 노력을 해야 한다. 불선업도 마찬가지로 불선한 의도를 가지고 하는 노력이다. 자신에게 선과보가 와서 건강하고 행복하다고 하더라도 새롭게 선업을 쌓는 노력을 게을리 하면 언젠가 불선한 행위를 하게 되어 건강과 행복을 잃어버린다. 자신에게 불선과보가 와서 건강을 잃고 불행해지더라도 새롭게 선업을 쌓는 노력을 기울이면 반드시 건강을 되찾고 행복해질 수 있다. 지혜가 있는 사람은 선업을 쌓는 노력을 해서 지금보다 향상된 삶을 산다. 어리석은 사람은 불선업을 쌓는 노력을 해서 지금보다 괴로운 삶을 산다.

모든 것이 원인과 결과라고 알면 자신의 기쁨에 취하여 쾌락을 추구하지 않는다. 또 자신이 처한 고통에 절망하지도 않는다. 기쁨이나 괴로움은 과거에 만들어진 원인에 대한 결과라고 알기 때문이다. 원인과 결과라고 알면 사람들이 비난하는 범죄자라할지라도 비난하지 않는다. 비난받을 짓을 해서 비난을 받지만, 그런 사람에게도 칭찬받을 행위를 할 기회는 있기 때문이다 사람들의 마음에는 선한 마음과 선하지 못한 마음이 있어서 언제든지 개선될 여지가 있다. 원인과 결과라고 알면 다른 사람이나 초자연적인 존재에게 의지해서 구원을 받으려고 하지 않는다. 이런 지혜가 날 때만 자신을 성찰하여 깨달음에 이를 수 있다.

지금 내가 겪는 모든 괴로움은 과거에 지은 어리석은 행위로 인한 결과다. 이러한 괴로움에서 벗어나려면 주어진 괴로움을 있는 그대로 받아들여야 한다. 괴로움을 있는 그대로 받아들이는 것이 원인과 결과를 수용하는 지혜다. 이런 지혜가 나야 현재도 괴롭지 않고 미래에도 괴로움이 상속되지 않는다. 자신이 처한 괴로움을 받아들이지 않고 다른 극단적인 행동을 한다면 자신이 한 일에 대해 무책임한 것이다. 자신이 한 일에 대한 책임을 질 줄 알아야 지금보다 나은 미래가 열린다. 있는 그대로 받아들이는 것이 관용, 자애, 지혜다. 있는 그대로 받아들이지 못하는 것이 탐욕, 성냄, 어리석음이다. 선택은 오직 자신의 마음이 한다.

242

정신적 발전을 저해하는 부질없는 담론을 즐기지
마라.

243

이래도 한 세상, 저래도 한 세상이라고 알면 자신
의 마음이 편안하다. 그리고 주위 사람들에게도 편
안하게 대할 수 있다. 지금 있는 세상을 받아들이지
못하고 다른 세상을 찾으면 자신의 마음이 불편하
다. 그리고 주위사람들에 대해서도 불편을 끼친다.
실재하지 않는 세상을 찾지 말고 지금 여기에 있는
세상을 소중히 여겨야 한다. 있는 것에 감사하지 못
하고 다른 것을 찾으면 항상 불만족 속에서 살아야
한다.

옹달샘

9

즐겁지 못해서 괴롭다. 괴로움이나 즐거움이나 모두 알아차릴 대상이다.
괴로움과 즐거움에서 벗어난 평정한 마음이 행복이다.
평정한 마음에서 생긴 지혜가 완전한 행복을 가져온다.

괴로움을 겪는 범부는 자신이 지은 업으로 인해 괴로움을 겪기 때문에 업을 해롭게 여긴다. 그래서 업을 부정하고 자신의 문제를 타인의 힘에 맡겨 해결하기를 원한다. 즐겁게 사는 성자는 자신이 지은 업으로 인해 즐거움을 누리기 때문에 업을 이롭게 여긴다. 그래서 업을 부정하지 않고 자신의 문제를 자신의 힘으로 해결한다. 해로운 업이나 이로운 업이나 모두 자신이 지은 대로 받은 결과다. 자신의 행위가 자신의 운명을 기획하므로 자신이 자신을 창조하거나 파괴하기도 한다. 자신이 자신을 욕계, 색계, 무색계천상으로 이끌기도 하고, 괴로움뿐인 사악도에 떨어지게도 하고, 윤회를 끝내는 해탈에 이르게도 한다.

245

괴로움의 원인은 즐거움이다. 즐겁지 못해서 괴롭
다. 괴로움이나 즐거움이나 모두 알아차릴 대상이
다. 괴로움과 즐거움에서 벗어난 평정한 마음이 행
복이다. 평정한 마음에서 생긴 지혜가 완전한 행복
을 가져온다.

246

불의에 대적하는 정의도 일정한 도덕적 기준을 가
지고 행해야 한다. 정의라는 이름으로 하는 어떤 부
당한 행위도 정당화될 수 없다. 불의와 맞설 때 상
대와 같은 논리로 맞서면 나중에는 정의가 불의가
된다. 정의라는 이름으로 행해지는 일에 중도가 없
으면 또 다른 불의가 된다. 상대를 반대하면서 상대
와 닮아가지 않도록 주의해야 한다.

247

존재는 인식이다. 없다고 믿으면 없고, 있다고 믿으
면 있다.

248

사소한 괴로움을 집착하여 크게 키우지 마라. 괴롭
지 않기를 바라기 때문에 사소한 괴로움을 크게 키
운다. 누구나 사소한 괴로움은 있기 마련이다. 사소
한 괴로움이 생각에 따라 큰 괴로움이 될 수 있다.
큰 괴로움이 생각에 따라 사소한 괴로움이 될 수 있
다. 과거의 어리석음과 욕망으로 인해 현재의 괴로
움이 생겼다. 현재의 괴로움을 있는 그대로 알아차
리면 어리석음이 지혜로 바뀌고, 욕망이 관용으로
바뀌어 새로운 괴로움을 만들지 않는다. 괴롭지 않
기를 바라지마라. 과거의 원인으로 인해 생긴 현재
의 괴로움은 불가피하다. 현재의 괴로움을 있는 그
대로 알아차리면 현재도 괴롭지 않고 미래에 괴로
움이 상속되지 않는다.

249

수행은 망상의 바다에서 호흡이란 섬을 만나 피난
처로 삼는다.

250

방황의 연속은 다시 태어남이다. 다시 태어남은 괴
로움이다. 방황이 끝나면 다시 태어나지 않는다. 다
시 태어나지 않음이 괴로움의 소멸이다. 아라한이
되어야 방황이 끝나고, 아라한이 되기 전까지는 누
구나 방황한다. 방황하지 않기 위해서는 바른 법을
만나 지혜를 얻어야 한다. 바른 법을 만나려면 선한
일을 많이 해서 선업의 조건이 성숙되어야 한다. 그
러므로 선은 모든 일의 기초가 된다.

마음이 있어서 몸이 생겨나지만 마음은 몸을 토대로 일어난다. 이러한 마음은 몸에 영향을 주고, 몸은 마음에 영향을 준다. 위빠사나 수행자는 마음과 몸이 서로 영향을 주는 것을 원인과 결과로 알아차려야 한다. 마음은 마음의 고유한 영역이 있고, 몸은 몸의 고유한 영역이 있다. 위빠사나 수행은 정신적 영역에서 일어난 것은 단지 정신적 현상으로 알아차리고, 물질적 영역에서 일어난 것은 단지 물질적 현상으로 알아차려야 한다. 이처럼 수행은 마음과 몸이 서로 영향을 미쳐서 반응한 것을 원인과 결과로 알아차려야 한다. 또 마음과 몸이 가진 각각의 고유한 특성을 있는 그대로 알아차리는 두 가지 측면으로 통찰해야 한다.

고통의 바다에서 몸과 마음이란 섬을 피난처로 삼아 구조되었다고 해서 모든 번뇌가 해결된 것은 아니다. 섬의 지형을 살펴 새로운 생존전략을 세워야 하듯이 번뇌로부터 해방되기 위해서는 다음 단계로 몸과 마음을 대상으로 탐구해야 한다. 몸과 마음을 탐구하기 위해서는 사념처 위빠사나 수행을 해야 한다. 마음이 몸을 대상으로 알아차려야 하고, 마음이 느낌을 대상으로 알아차리려야 하고, 마음이 마음을 대상으로 알아차려야 하고, 마음이 법을 대상으로 알아차려야 한다. 몸과 마음을 완벽하게 탐구하기 위해서는 이상의 네 가지를 대상으로 알아차릴 때만이 궁극의 지혜를 얻어 모든 번뇌로부터 해방되는 열반을 성취할 수 있다.

어디를 향해서 가고 있는지 알면, 사는 길을 향해서 가는 사람이다. 어디를 향해서 가고 있는지 모르면 죽는 길을 향해서 가는 사람이다. 누구나 죽음을 향해서 간다. 죽음을 향해서 가는지 아는 사람은 바르게 사는 길을 찾아 다시 태어남이 없어 죽음으로부터 벗어난다. 죽음을 향해서 가는지 모르는 사람은 바르게 사는 길을 찾지 못해 다시 태어나서 영원히 죽음으로부터 벗어나지 못한다. 다시 태어남에는 자아가 상속되지 않아 현재의 '나'와 무관하지만 마음에는 종자가 있어서 다음 마음에 전해지기 때문에 전혀 '나'와 무관하다고 말할 수도 없다. 윤회에는 자아가 없지만 과보가 상속되어 끊임없이 죽어야 한다.

254

세간의 삶은 출세간의 삶에 대해 흥미를 느끼지 못하고, 출세간의 삶은 세간의 삶에 대해 흥미를 느끼지 못한다.

255

과거가 현재를 만들고 현재가 다시 미래를 만든다. 과거에 어떤 원인이 있었는가에 따라 현재의 결과가 있다. 현재 어떤 원인을 만드는가에 따라 미래의 결과가 있다. 과거의 무명과 행이 있어서 현재의 오온인 식, 정신과 물질, 육입, 접촉, 느낌이 있다. 현재의 이 다섯 가지로 다시 갈애, 집착, 업의 생성을 일으켜 미래의 생과 노사가 있다. 과거는 현재를 만들고, 현재는 미래를 결정하는 과정이 연기다. 이상 열두 가지 연기에 나라고 하는 것은 없다. 순간순간의 정신과 물질이 단지 원인과 결과로 흐르고 있을 뿐이다. 수행자는 과거나 미래를 생각하지 말고, 오직 현재의 몸과 마음을 알아차려야 통찰지혜가 나서 열반을 성취한다.

세간에서는 이기적인 마음이 자기 발전을 가져올 수 있다. 출세간에서는 이기적인 마음이 지혜를 가려 어리석음에 빠지게 한다. 이기심이 있으면 배타적인 마음이 있어 스스로를 고립시키므로 이기심이 없을 때만이 행복을 얻을 수 있다. 이기적인 마음이 있을 때는 이기적인 마음이 있는 것을 알아차려야 한다. 이때의 이기적인 마음은 내 마음이 아니고 그 순간의 마음이다. 이기적인 마음이 있는 것을 안 새로운 마음은 선한 마음이다. 이때의 선한 마음도 내 마음이 아니고 단지 매순간 일어나서 사라지는 마음이다. 이기적인 마음이 있는 것을 안 것은 수행자의 마음이고, 이것이 나의 마음이 아니라고 안 것은 현자의 마음이다.

마음이 모든 것을 이끈다. 바르게 살아가기 위해서는 모든 것을 앞서서 이끄는 자신의 마음을 알아차려야 한다. 마음은 공기처럼 보이지 않아서 있는지 알기가 어려운 추론적인 대상이다. 그래서 마음을 알아차릴 때는 물질을 보듯이 해서는 안 된다. 마음을 알아차리려면 마음을 새로 내서 대상을 알고 있는 그 마음을 알아차려야 한다. 자신의 행복과 불행을 결정하는 것은 자신의 마음이다. 이런 마음을 알아차리지 못하면 괴롭게 살아야 한다. 남의 마음은 정확하게 알 수 없으나 자신의 마음은 언제나 정확하게 파악할 수 있다. 자신의 마음을 알아차리면 타인이 배제되고 오직 자신이 대상이기 때문에 현명하게 대처할 수 있다.

258

좋은 일을 하고 자기 권리를 주장하지 않아야 참된 일이다. 좋은 일을 하고 자기 권리를 주장하면 욕망을 가지고 한 일이다. 아무런 욕망 없이 좋은 일을 할 때만 진정으로 좋은 일이다.

259

부당한 방법으로 상대에게 승리했다면 오히려 패배한 것이다. 바른 방법을 사용해서 공평무사하게 행동했을 때만이 승리라고 할 수 있다. 겉으로 드러나 보이는 결과는 진실이 아닐 수 있다. 겉으로 드러난 결과에 상관없이 실재하는 내용이 진정한 승리와 패배를 결정한다. 승리했다고 해서 모두 승리가 아니며, 패배했다고 해서 모두 패배가 아니다. 세속에서의 승리가 출세간에서는 패배가 될 수 있다.

화려한 영광이나 뼈를 깎는 괴로움이나 모두 일어
나면 사라진다.

인간은 일정부분 타고 태어난 대로 산다. 이것은 과
거의 원인으로 인해서 현재의 결과를 받기 때문이
다. 그러나 모두 자신의 과보대로만 살지는 않는다.
타인의 과보가 영향을 미치기도 하고 사회적이거나
자연적 현상의 과보가 영향을 미치기도 한다. 이러
한 여러 가지 과보로 인해서 생긴 현재는 다시 미래
를 만든다. 이것이 윤회하는 세계의 질서다. 위빠사
나 수행자는 자기에게 주어진 모든 과보를 알아차
려서 있는 그대로 받아들인다. 현재의 과보가 아무
리 고통스럽더라도 수행을 해서 새로운 원인을 만
들면 현재도 괴롭지 않고 미래에도 괴로움이 상속
되지 않는다. 이것이 더 나은 삶을 살기 위해서 수
행을 해야 하는 이유다.

이상이 높으면 그만큼의 희생이 따른다.

무엇이나 지나친 것은 감각적 욕망을 가지고 집착한 결과다. 감각적 욕망은 좋은 것이나 나쁜 것을 가리지 않고 집착하여 업을 만든다. 업을 만들면 예외가 없이 그에 따른 결과를 받는다. 그 결과로 현재에도 고통을 겪고, 지금 이후에도 고통을 겪고, 다시 태어나서도 행한 만큼의 고통을 겪는다. 좋은 것이 지나치면 나쁜 것이 되고, 나쁜 것이 지나치면 더 나빠진다. 감각적 욕망은 달콤하나 짧은 순간에 일어났다가 사라지는 느낌이다. 그러나 그 과보가 지속되는 시간은 길다. 감각적 욕망을 제어하려면 자신의 몸과 마음을 알아차려야 한다. 몸과 마음에서 일어나는 느낌을 알아차리면 번뇌가 침투하지 않아 궁극의 지혜를 얻는다.

264

법 안에 있을 때는 행복하고, 법 밖에 있을 때는 불행하다.

265

모든 생명은 살기 위해서 태어났지만 실상은 죽음을 향해서 가고 있다. 이러한 태어남과 죽음을 이끄는 것이 인과응보다. 그러나 인과응보를 부수면 다시 태어나는 일이 없어 죽는 일이 없다. 인과응보를 부수려면 모든 현상을 있는 그대로 알아차려서 새로운 원인을 만들지 않아야 한다. 새로운 원인을 만들지 않으면 그에 따라서 생기는 결과가 없다. 사람이 산다는 것은 여섯 가지 감각기관이 여섯 가지 대상과 접촉하는 것을 말한다. 이때 느낌이 일어나고 이 느낌이 욕망을 일으키면 인과가 회전하기 시작한다. 그러나 느낌이 일어났을 때 단순하게 그냥 느낌으로 알아차리면 새로운 욕망이 일어나지 않아 인과가 회전하지 않는다.

아름다운 것을 집착하기 때문에 아름답지 못한 것을 혐오한다. 모양으로 나타난 것에는 완전한 아름다움이 없다. 아름답고 추한 것에서 벗어난 자유로운 마음이 가장 아름답다.

생명의 기원이 언제인지 알 수 없다. 사실 생명의 기원이 언제인지를 아는 것은 깨달음과 무관하다. 그것보다 생명이 무엇 때문에 지속되는지 아는 것이 중요하다. 그러므로 생명의 기원은 산술적으로 풀어야 할 문제가 아니다. 생명은 과거에는 무명이 이끌고, 현재는 갈애가 이끌어 간다. 지혜가 나면 모든 것이 조건에 의해 일어나고, 일어난 것은 반드시 사라지는 과정만 있다고 안다. 현재 이 순간에도 생명의 기원은 시작된다. 그러나 시작된 생명은 시작된 순간에 소멸한다. 자신의 몸과 마음을 통찰하면 단지 조건에 의해 일어나고 사라지는 무상과 괴로움과 무아만 있다. 이러한 법이 생명의 기원이고 생명의 소멸이다.

268

어리석음과 감각적 욕망은 진흙탕이다. 이러한 진흙탕에서 벗어나지 못하는 한 괴로움뿐인 윤회에서 벗어날 수 없다.

269

모든 것은 선행하는 조건에 따라 결과가 생긴다. 어리석음으로 시작한 일은 선하지 못한 결과가 있다. 지혜로 시작한 일은 선한 결과가 있다. 인간이 초월적인 존재에 의해 창조되었다면 인간이 저지르는 악행에 대한 책임이 일정부분 초월적인 존재에게도 있다. 그렇다면 최초의 원인을 만든 초월적 존재도 자신의 책임으로부터 자유로울 수 없다. 세상의 모든 일은 그렇게 될 만한 조건에 의해 되었을 뿐이지 여기에 절대적인 존재의 힘은 미치지 않는다. 모든 것은 자기가 지은 대로 받는다고 알아야 비로소 선한 세상을 만들 수 있으며 깨달음을 향해서 갈 수 있다.

자신을 사랑하되 내가 최고라고 생각하지 마라. 자신을 사랑하되 자신을 집착해서는 안 된다. 자신을 있는 그대로 사랑해야 더불어 남을 사랑할 수 있다. 자신만 사랑하고 남을 사랑할 수 없다면 진정으로 자신을 사랑하는 것이 아니다. 자신을 최고라고 여기지 않는 순수한 사랑을 해야 자기 허영이나 자만에 빠지지 않는다. 자신을 최고라고 여기지 않는 순수한 사랑을 해야 남을 비난하거나 학대하지 않는다. 내가 최고라고 생각하는 순간부터 자신에 대한 사랑은 소멸한다. 내가 최고라고 생각하면 교만한 마음이 생겨 다른 사람을 멸시한다. 내가 최고라는 마음이 우월감을 갖게 하여 어리석음에 빠지면 순수한 사랑을 잃어버린다.

271

있어도 괴롭고 없어도 괴롭다. 성공해도 괴롭고 실패해도 괴롭다. 내가 있다는 생각을 가지고 있는 한 괴로움으로부터 벗어날 수 없다. 내가 있다는 생각은 어리석음과 욕망을 부추겨 나를 속박한다. ‘나’는 부르기 위한 명칭이지 실재하지 않는다. 모든 번뇌로부터 해방될 수 있는 무아를 알 때까지 열심히 정진해야 한다.

272

사람들이 평등하지 못한 것은 과거의 원인으로 인해서 생긴 현재의 결과다. 이것이 과거의 업으로 인해서 생긴 윤회의 결과다. 악한 기질을 가지고 있거나 선한 기질을 가지고 있는 것도 모두 과거의 원인으로 인해서 생긴 현재의 결과다. 그러나 현재 어떤 새로운 원인을 만드는가에 따라 미래의 결과가 생긴다. 과거의 원인이 현재의 결과로 나타나는 것처럼 현재의 새로운 원인이 미래의 결과를 결정한다. 그러므로 이미 지나간 일에 연연하지 말고 현재를 알아차려서 좋은 미래를 예약해야 한다.

273

좋은 일도 자신이 감당할 수 없어 힘에 넘치면 나쁜 일이 되고 만다. 현실을 무시하고 이상을 쫓다보면 이상이 고통이 된다. 현실을 무시한 이상은 이상이 아니고 좌절이다. 아무리 좋은 일이라도 감각적 욕망으로 해서는 안 된다. 모든 일은 항상 더 좋아질 가능성과 더 나빠질 가능성이 상존한다. 오직 알아차림을 가지고 감각적 욕망 없이 할 때만이 중도가 되어 좋은 결과를 얻을 수 있다.

274

태양보다 밝은 것은 없고, 밤보다 어두운 것은 없다. 그러나 태양보다 밝은 것이 지혜고, 밤보다 어두운 것이 어리석음이다. 지혜는 무상, 고, 무아를 알아서 모든 번뇌를 관통한다. 어리석음은 모든 것은 변하는데 항상 하다고 생각하며, 불만족인데 행복하다고 생각하고, 자아가 없는데 내가 있다고 생각하여 번뇌를 키운다. 지혜가 나면 감각적 욕망이 수면하여 괴로움뿐인 윤회가 끝난다. 어리석으면 감각적 욕망을 집착하여 괴로움뿐인 윤회를 계속한다.

옹달샘

10

사람을 보지 말고 사람의 마음을 봐라.

마음은 조건에 의해 매순간 일어나고 사라진다.
그러므로 매순간 변하는 마음만 있기 때문에
좋아할 사람도 미워할 사람도 없다.

275

진정한 행복은 지나간 과거나 오지 않은 미래에 있
지 않다. 오직 현재의 자신의 몸과 마음을 알아차리
는 고요함에 있다.

276

습관대로 살면 좋은 것은 계속 좋아하고, 싫은 것은
계속 싫어한다. 좋아하는 것과 싫어하는 것을 계속
하면 어리석음에 빠진다. 좋아하거나 싫어할 때 그
마음을 알아차리면 지혜가 난다. 습관은 과거의 지
배를 받지만 알아차리면 새로운 현재를 만들어 과
거의 고정관념으로부터 벗어난다. 어떤 마음이나
알아차려서 제어하지 않으면 제동장치가 없는 기차
와 같다. 제동장치가 없는 기차는 멈출 줄 몰라 끝
없이 떠돌아야 한다. 다시 태어나는 생명은 거의가
지옥, 축생, 아귀, 아수라의 생명으로 태어나 괴로
움을 겪는다. 인간과 천상에 태어나는 생명은 극히
일부에 속하지만 이마저도 괴로움으로부터 자유롭
지 못하다.

모든 것은 시간의 흐름 속에 있다. 참담한 괴로움도 시간이 지나면 한낱 과거에 불과하다. 최상의 즐거움도 시간이 지나면 한낱 과거에 불과하다. 괴롭다고 절망에 빠지지 말고, 즐겁다고 환희에 빠지지 마라. 시간이 지나면 모두 과거가 되고 새로운 몸과 마음만 있다. 시간이 흐르면서 매순간 몸도 변하고 마음도 변한다. 여기에 나의 것이라고 할 만한 것은 없다. 단지 조건에 의해 일어나고, 조건에 의해 사라지면서 흘러가는 현상만 있다. 몸은 덧없고 마음은 실체가 없다. 그러니 나뭇잎을 스쳐가는 바람처럼 그냥 스쳐가라. 시내를 흐르는 물처럼 그냥 흘러가라. 이렇게 걸림이 없어야 모든 괴로움이 사라진 피안에 도달할 수 있다.

과거에 괴로움을 겪을 만한 행위를 했기 때문에 현재의 괴로움이 있다. 하지만 이러한 괴로움이 있기 때문에 수행을 하려는 선한 동기가 일어난다. 나쁜 원인으로 인해 좋은 결실을 맺는 것이야말로 가장 이상적인 결과다. 괴로움을 수행으로 승화시키는 것이 가장 지혜로운 일이다. 그러나 괴로움을 겪는다고 해서 모두 수행을 하는 것은 아니다. 잘못된 일을 좋은 일로 바꾸기 위해서는 그만큼의 조건이 성숙되어야 한다. 과거에 만든 선한 과보심과 현재 새로 낸 선한 마음이 있을 때만이 비로소 수행을 할 수 있다. 만약 선한 과보심이 없고 선한 마음도 나지 않으면 경전을 읽거나 스승의 법문을 듣거나 도반의 말을 경청해야 한다.

괴롭지 않기를 바라지 마라. 괴로움은 와서 보라고 나타난 대상이다. 괴로움을 알아차리지 못하면 고통이지만 괴로움을 알아차리면 지혜가 생긴다. 수행은 괴롭지 않기 위해서 하는 것 아니다. 그러나 있는 괴로움을 알아차리면 괴로움이 소멸한다.

늙는 일처럼 슬픈 것 없고, 늙는 것을 부정하는 일처럼 어리석은 것 없다. 죽는 일처럼 두려운 것 없고, 죽음을 부정하는 일처럼 어리석은 것 없다. 누구나 예외 없이 태어나면 병들어서 죽어야 하기 때문에 윤회에서 벗어나는 것이 가장 지혜로운 일이다. 아직 세상에 대한 미련이 있다면 감각적 욕망의 불씨가 남아 있기 때문이다. 세상이 괴로움뿐이라고 알아 감각적 욕망의 불씨가 모두 타버린 것이 깨달음이다.

잘못에 대하여 누구의 책임을 따지지 마라. 잘못에
자아는 없고, 단지 원인과 결과라는 조건만 있다.

아침에 눈을 떴을 때의 마음이 불안하면 하루 종일
불안하게 지내야 한다. 그러므로 아침에 눈을 뜨면
제일 먼저 잠에서 깬 마음을 알아차려야 한다. 그런
뒤에 일어나고 꺼지는 호흡을 지켜보아야 한다. 아
침에 찡그린 얼굴로 일어나면 하루 종일 미소 지으
며 살 수 없다. 저녁에 잠자리에 들었을 때 마음이
불안하면 잠을 자는 내내 불안하게 자야 한다. 그러
므로 저녁에 잠자리에 들었을 때의 마음을 알아차
려야 한다. 그런 뒤에 일어나고 꺼지는 호흡을 지켜
보아야 한다. 저녁에 불안한 마음으로 자면 여러 가
지의 악몽을 꾸게 되어 괴로움을 겪는다. 아침에 일
어난 마음이 하루를 지배하고, 잠자리에 든 마음이
하룻밤을 지배한다.

283

생각으로 내린 결론은 완전하지 못하다. 통찰지혜로 내린 결론이 완전에 가깝다.

284

느낌이 있어서 욕망이 일어나고, 욕망이 있어서 새로운 느낌이 일어난다. 새로운 느낌은 다시 더 큰 욕망을 일으키고, 이 욕망이 다시 새로운 느낌을 일으킨다. 이것이 윤회하는 세간에서 되풀이 되는 현상이다. 느낌이 소멸하면 욕망이 일어나지 않고, 욕망이 일어나지 않으면 새로운 느낌이 일어나지 않는다. 이것이 윤회가 끊어진 출세간의 현상이다. 느낌에서 욕망으로 넘어가는 것이 세간의 범부가 가는 길이다. 느낌이 소멸하여 욕망이 일어나지 않는 것이 출세간의 성자가 가는 길이다. 인간이 가진 모든 번뇌는 느낌과 욕망의 갈림에서 일어난다. 아울러 최상의 지혜를 얻게 하는 궁극의 깨달음도 느낌과 욕망의 갈림길에서 일어난다.

285

망상은 하지 말아야 할 대상이 아니고 알아차릴 대상이다. 인간이 살면서 하는 일이 모두 망상이다.

286

조금 지나친 행위였다고 후회하지 마라. 조금 시나쳤다고 알아차려라. 알아차림이 없으면 항상 정도를 벗어나기 마련이다. 조금 지나쳤기 때문에 알아차려서 균형을 맞출 수 있는 기회가 온 것이다. 그러면 잘못된 일로 인하여 오히려 지혜를 얻을 수 있다.

누구나 불행하기보다 행복하기를 원한다. 그러나 불행이 없고 행복만 있다면 진정한 행복이 아니다. 불행이 있어 행복의 가치를 알 수 있다. 행복과 불행은 매순간 자신의 마음이 선택한다. 불행할 때도 이정도로 그친 것에 만족하면 그 순간 행복해진다. 행복할 때도 더 큰 행복을 찾아 만족하지 못하면 그 순간 불행해진다. 오늘을 무사히 산 것에 감사해야 한다. 설령 괴로움이 있더라도 더 큰 괴로움이 아닌 것에 감사해야 한다. 큰 것을 바라지 말고 작은 일에도 감사한 마음을 가져야 한다. 감각적 욕망은 행복이 아니다. 행복을 다른 곳에서 구하지 마라. 지금 이 순간에 자신의 몸과 마음을 알아차려서 고요함을 얻는 것이 행복이다.

288

인간은 보이지 않는 어떤 의지에 의해 살지 않는다.
오직 자신의 의지대로 산다.

289

세월이 흘러도 발견할 수 없는 것이 있다. 그것은
이 세상을 만든 초월적 존재다. 세월에 상관없이 발
견할 수 있는 것이 있다. 그것은 이 세상의 이치인
원인과 결과를 아는 지혜다. 이런 지혜가 나면 궁극
에는 무상, 고, 무아의 법을 발견한다. 다만 이런 지
혜를 발견하기 위해서는 선업을 행하고 정법수행
을 해야 한다. 발견할 수 없는 것을 찾는 것이나, 발
견할 수 있는 것을 찾는 것이나 모두 자신이 선택
한다. 그러나 발견할 수 없는 것을 찾는 것보다 발
견할 수 있는 것을 찾는 것이 현명한 일이다. 발견
할 수 없는 것에는 인간의 고뇌로부터 벗어나는 출
구가 없다. 발견할 수 있는 것에 인간의 고뇌로부터
벗어나는 출구가 있다.

사람이 하는 행위는 도덕적이거나 도덕적이지 못한 것 중의 하나다. 이것들은 모두 어리석음의 지배를 받아서 생긴다. 어리석으면 도덕적이지 못한 행위를 한다. 도덕적인 행위를 할 때도 어리석음이 사라진 것은 아니다. 이때는 어리석음이 일시적으로 잠복해 있다. 그러므로 완전한 해탈에 이르기 전까지는 누구나 어리석음의 지배를 받는다. 이와 같은 사실을 고려할 때 사람의 잘못은 용서되어야 한다. 누구나 어리석어서 모르기 때문에 도덕적이지 못한 행위를 하기 마련이다. 설령 지혜가 나서 도덕적인 행위를 했다고 해도 일시적인 현상이며 여전히 어리석음의 지배하에 있다. 완전한 지혜를 얻으려면 반드시 수행을 해야 한다.

<h2 style="text-align:center">291</h2>

사람을 보지 말고 사람의 마음을 봐라. 마음은 조건에 의해 매순간 일어나고 사라진다. 그러므로 매순간 변하는 마음만 있기 때문에 좋아할 사람도 미워할 사람도 없다.

<h2 style="text-align:center">292</h2>

무엇이 괴롭게 하는가? 마음이 괴롭게 한다. 어떤 마음이 괴롭게 하는가? 탐욕, 성냄, 어리석은 마음이 괴롭게 한다. 왜 탐욕, 성냄, 어리석은 마음이 일어나는가? 자아가 있기 때문이다. 자아로부터 자유로울 수 없는가? 몸과 마음을 알아차려서 무아를 발견해야 한다. 무아를 발견하면 어떻게 되는가? 집착이 끊어져 모든 번뇌로부터 자유로워진다.

누구나 저마다의 괴로운 문제를 가지고 있다. 그러나 자신이 가지고 있는 문제를 제대로 인식하기 어렵다. 더구나 이것을 해결하는 방법은 더욱 모른다. 심각한 괴로움에 처했을 때라야 비로소 문제를 인식하기 시작한다. 하지만 괴로움을 헤쳐 나가는 지혜로운 방법은 알지 못한다. 모든 문제는 오늘 갑자기 생긴 것이 아니다. 저마다 가지고 있는 문제는 언제인지 알 수 없는 과거의 여러 가지 원인으로 인해 생긴 현재의 결과다. 그러나 이미 지나간 과거로는 돌아갈 수 없다. 그러므로 문제를 해결하기 위해서는 현재의 결과를 있는 그대로 알아차려야 한다. 이것이 문제를 해결하는 유일한 방법이다. 위빠사나 수행은 있는 그대로의 사실을 알아차려서 관용으로 받아들인다. 이렇게 알아차리면 나타난 대상이 모두 법으로 바뀐다.

마음은 몸을 토대로 있고, 몸은 마음과 함께 있다. 마음과 몸은 서로 다른 역할을 하면서 하나의 생명을 유지한다. 위빠사나 수행은 마음의 영역에서 일어나는 일이나 몸의 영역에서 일어나는 일을 서로 분리해서 알아차린다. 정신적 현상에 관한 일은 정신적 현상이라고 알아차린다. 물질적 현상에 관한 일은 물질적 현상이라고 알아차린다. 정신과 물질을 분리해서 알아차리지 않으면 정신과 물질이 가지고 있는 고유한 특성을 알 수 없어 법의 성품을 보지 못한다. 정신과 물질을 분리해서 알아차려야만 몸과 마음이 서로에게 영향을 주는 상호의존적인 연기를 발견한다. 이러한 연기의 지혜가 나야 비로소 바른 수행을 할 수 있다.

295

남이 괴로움을 줄 때 내가 괴로움을 받으면 괴로움
이 생긴다. 남이 괴로움을 줄 때 내가 괴로움을 받
지 않으면 괴로움이 없다. 남이 괴로움을 줄 때 거
미줄에 걸리지 않는 바람처럼 지나쳐라.

296

괴로운 일보다 즐거운 일을 생각하라. 찡그린 얼굴
보다 미소 짓는 얼굴을 가져라. 찡그린 얼굴에는 괴
로움이 깃들고 미소 짓는 얼굴에는 즐거움이 깃든
다. 세상의 일과 내 일은 다르다. 세상의 마음과 내
마음은 다르다. 세상의 일이 내 마음대로 되기를 바
라지 마라. 그래야 찡그린 얼굴이 아닌 미소 짓는
얼굴을 가질 수 있다. 찡그린 얼굴도 내 마음이 만
들고 미소 짓는 얼굴도 내 마음이 만든다.

수행자는 번뇌를 키우는 사람이 아니고, 번뇌를 줄이는 사람이다. 번뇌를 줄이려면 불필요한 일을 만들지 말고, 하던 일은 잘 수습해야 한다. 자신에게 부족한 부분은 키워서 알맞게 채워주고, 넘치는 부분은 빼서 알맞게 조절해야 한다. 이렇게 노력하면 언젠가는 번뇌가 소멸하여 괴로움이 없는 삶을 살 수 있다. 욕망이 지나쳐도 괴로움이 생기며, 게을러도 괴로움이 생긴다. 이 두 가지로부터 벗어나야 번뇌가 일어나지 않는다. 그러기 위해서는 항상 대상을 있는 그대로 알아차려야 한다. 개입하는 순간 욕망으로 번지며, 포기하는 순간 게으름에 빠진다. 언제나 알아차려서 중도를 이룰 때만이 도과를 성취하여 지고의 행복을 얻는다.

298

법에 귀의해라. 이 세상에 믿을 것은 법밖에 없다. 법을 알기 위해서는 자신의 몸과 마음을 알아차려야 한다. 거기에 무상, 고 무아가 있다. 정법이 없으면 그 자리에 삿된 법이 있다.

299

대상을 알아차리는 것이 수행이고, 알아차리지 못하면 수행이 아니다. 알아차리지 못하면 떠밀려서 살고, 알아차리면 이끌어 가면서 산다. 떠밀리면 자기 의지대로 살지 못하고, 이끌어 가면 자기 의지대로 산다. 떠밀리면 습관대로 살아 윤회를 하고, 이끌어 가면 지혜를 얻어 윤회가 끝난다. 스쳐지나가는 바람처럼 가되 알아차리면 떠밀리지 않고 이끌어 간다. 자기 삶을 이끌어가야 피안에 도달할 수 있다.

괴로움의 원인은 욕망이고 욕망은 느낌 때문에 일어난다. 느낌은 매순간 일어나지만 공기와 같아서 있는지 알기가 어렵다. 느낌은 여섯 가지 감각기관이 감각대상과 부딪칠 때 자동적으로 일어난다. 눈이 형상을 볼 때, 귀가 소리를 들을 때, 코가 냄새를 맡을 때, 혀가 맛을 볼 때, 신체가 접촉할 때, 마음이 생각할 때 아는 마음과 함께 느낌이 일어난다. 이러한 느낌이 일어나는지 모르면 즉시 욕망이 일어나 좋아하거나 싫어한다. 욕망이 일어나지 않도록 하기 위해서는 감각기관이 대상과 부딪칠 때 있는 그대로 알아차려야 한다. 처음에 일어난 맨느낌을 알아차리지 못하면 좋아하거나 싫어하는 육체적 느낌으로 바뀌어 번뇌가 생긴다.

수행자는 필요한 대상에 관심을 갖되, 개입해서는 안 된다. 대상과 마주칠 때는 무관심으로 대하지 말고 무대응으로 대해야 한다. 무관심하게 보면 대상을 외면하는 것으로 수행자의 영역을 벗어난 상태다. 무대응은 대상을 외면하지 않고 지켜보되 대상에 개입하지 않는 것으로 수행자의 영역 안에 있다. 무관심은 게으른 마음이라서 어리석음과 욕망의 지배를 받는다. 대상을 있는 그대로 알아차리지 못하면 무관심한 상태가 되어 대상이 가지고 있는 법의 성품을 보지 못한다. 무대응은 절제하는 마음이라서 지혜가 있고 욕망이 소멸한 상태다. 대상을 있는 그대로 알아차리면 무대응의 상태라서 대상이 가지고 있는 법의 성품을 본다.

302

한순간의 진정한 행복을 얻기 위해 하루를, 일 년을, 십 년을, 평생을 바쳐야 한다.

303

성스러운 진리에 이르기 위해서는 먼저 계율을 지켜야 한다. 도덕적 기초가 확립되지 않으면 정신적 안정을 이룰 수 없다. 정신적 안정 없이는 지혜가 날 수 없다. 계율을 장신구로 삼은 지혜로운 자는 보석을 장신구로 삼은 부자보다 더욱 빛난다. 계율을 지키면 자신의 내면의 평화는 물론 남의 비난으로부터 보호되어 행복한 삶을 산다.

304

자기가 해야 할 일에 대한 의무를 다하지 못하면 불안하게 산다. 자기가 해야 할 일에 대한 의무를 다하고도 바라는 것이 있으면 불안하게 산다. 자기가 해야 할 일에 대한 의무를 다하고, 바라는 것이 없어야 평온하게 산다.

옹달샘

11

나는 물이고 세상은 그릇이다.

물이 그릇을 거부할 수 없듯이 내가 세상을 거부할 수 없다.
그릇에 따라서 물의 형태가 변하듯이
처해진 상황에 따라 맞춰서 살아야 한다.

대상은 그냥 거기에 있는데 내 마음이 아름답다고 하거나, 보기 흉하다고 하거나, 그저 그렇다고 한다. 아름답다고 보면 감각적 욕망에 빠지고, 흉하다고 보면 성냄에 빠지고, 그저 그렇다고 무관심하게 보면 어리석음에 빠진다. 아름답게 보면 다음에 더 아름다운 것을 바라서 괴로움에 빠진다. 성내면서 보면 싫어하는 마음 때문에 괴로움에 빠진다. 어리석게 보면 무엇이 바른지 몰라서 계속 좋아하거나 싫어하여 괴로움에 빠진다. 대상을 있는 그대로 알아차리기 전에는 탐욕, 성냄, 어리석음으로 보아 괴로움으로 인해 바람 잘 날이 없다. 범부는 대상을 보고 갈애를 일으켜 괴롭고, 성자는 대상을 보고 갈애를 일으키지 않아 괴롭지 않다.

힘이 없는 자들이 힘이 있는 자의 횡포에 불이익을 당하면 연합하여 대항한다. 힘이 없어 당한 자들이 연합하여 힘이 생기면 다시 똑같은 방식으로 힘을 사용한다. 이것이 사회현상이다. 정의라는 이름으로 행해지는 모든 사회현상은 항상 동일한 방식으로 반복되므로 악순환의 고리를 끊을 수 없다. 이러한 사회현상을 뛰어넘는 것이 자신의 성찰이다. 힘을 가진 자와 갖지 못한 자가 계속해서 겨루는 것이 세속의 질서다. 자신의 몸과 마음을 알아차려서 세속의 방식에서 벗어나는 것이 출세간의 질서다. 세속의 질서는 끊임없이 반복되는 흐름만 있어 번뇌의 출구가 없다. 출세간의 질서는 반복되는 연결고리를 끊어 번뇌의 출구가 있다.

307

칭찬이라고 무조건 다 좋은 것이 아니다. 칭찬이 지나치면 아첨이고 상대를 교만하게 한다. 바른 일을 했을 때 적절한 격려는 약이지만 지나치면 독이다. 지혜로운 자는 칭찬에 취하지 않고 자신의 길을 간다. 어리석은 자는 칭찬에 취하여 자신의 길을 가지 못한다.

308

사람들의 의식의 차이는 지혜의 차이다. 지혜가 없는 자는 지혜가 있는 자를 이해하지 못한다. 지혜가 있는 자는 지혜가 없는 자를 이해한다. 지혜가 없으면 모르기 때문에 이해하지 못하고 지혜가 있으면 알기 때문에 이해한다. 모든 사람들이 저마다의 입장에서 그만큼 밖에 알지 못한다고 아는 것이 지혜다. 자신이나 남을 이해하지 못하면 지혜가 없기 때문이다. 자신이나 남을 이해하면 지혜가 있기 때문이다. 모르면 번뇌를 움켜쥐고 끊을 줄 몰라 괴로움을 겪는다. 알면 번뇌를 움켜쥐지 않고 끊을 줄 알아 괴로움을 겪지 않는다.

309

즐거울 때는 인생을 가볍게 보고, 괴로울 때는 인생을 깊게 본다.

310

진리는 누군가에 의해 창조되지 않는다. 진리는 자연스러운 현상으로 원래 그 자리에 있다. 진리는 지혜가 있는 자가 발견한다. 진리는 창조되지 않기 때문에 신비롭지 않다. 진리는 있는 그대로 보는 자가 발견한다. 대상을 관념으로 보면 무상, 고, 무아의 진리를 발견할 수 없다. 대상의 실재를 보아야 무상, 고, 무아의 진리를 발견할 수 있다. 어리석음이 눈을 가리면 진리를 발견할 수 없고 통찰지혜가 나야 발견한다. 역대의 모든 붓다는 똑같은 진리를 발견하였다. 먼저 연기의 법을 발견한 뒤에 위빠사나의 법을 발견하고 마지막으로 열반에 이르렀다. 붓다가 발견하신 지혜의 길을 가는 자는 누구나 똑같은 진리를 발견할 수 있다.

311

과거의 원인이 현재의 결과를 만들고 현재의 원인이 미래의 결과를 만든다. 현재를 알아차려서 과거의 원인과 미래의 결과로부터 완전하게 자유로울 때 진정한 자유를 얻는다.

312

인간은 선한 마음과 선하지 못한 마음을 함께 가지고 있다. 모든 것이 전부 선한 사람은 없다. 선한 사람에게도 일말의 나쁜 마음이 있다. 모든 것이 전부 나쁜 사람은 없다. 나쁜 사람에게도 일말의 선한 마음이 있다. 선한 마음을 가졌을 때는 선한 마음을 알아차려서 더 선하도록 해야 한다. 그렇지 않으면 나쁜 마음이 일어난다. 나쁜 마음을 가졌을 때는 나쁜 마음을 알아차려서 선한 마음이 일어나도록 해야 한다. 그렇지 않으면 더 나쁜 마음이 일어난다. 나만 선한 마음을 갖지 않았다. 남도 선한 마음을 가졌으니 너무 만족하지 말아야 한다. 나만 나쁜 마음을 갖지 않았다. 남도 나쁜 마음을 가졌으니 너무 괴로워하지 말아야 한다.

313

알아차려도 괴롭다면 알아차림을 지속하지 않았기 때문이다. 알아차림을 지속해도 괴롭다면 아직도 세속의 욕망이 남아있기 때문이다.

314

훌륭한 사람은 훌륭한 만큼 존경을 받지만 그만큼 비난도 받는다. 사람은 선한 마음과 선하지 못한 마음이 함께 있다. 선하면 훌륭한 것을 좋아하지만 어리석으면 훌륭한 것을 싫어한다. 그러므로 바른 일을 하고 남의 비난으로부터도 자유로워야 더 훌륭한 사람이다. 바른 일은 단지 바르기 때문에 해야 하며 남의 평가에 연연해서는 안 된다. 바른 일을 하고 남의 비난을 견디지 못하면 남을 의식하고 한 행위다. 남의 비난 때문에 바른 일을 포기한다면 자신의 욕망을 충족시키기 위해서 한 것에 불과하다. 훌륭한 사람은 반드시 해야 할 일이라서 하고, 아무 것도 바라지 않고 하며, 어떤 사람의 비난에도 흔들리지 않고 한다.

315

법은 구하는 자에게만 법이고 그렇지 않으면 법이
아니다. 진리는 항상 있지만 아는 자에게만 진리고
그렇지 않으면 진리가 아니다.

316

남을 권위로 지배하려는 사람은 자기 권위에 스스
로 쓰러진다. 남을 돈으로 지배하려는 사람은 자기
돈으로 인해 손해를 본다.

317

말하는 자가 있는 것이 아니다. 듣는 자가 있는 것
이 아니다. 단지 정신과 물질이 조건에 의해 말하고
듣는다. 어떤 자가 있다는 전제가 붙으면 진실의 본
질을 볼 수 없다.

두 개의 극단이 있다. 하나는 고행이며 다른 하나는
탐욕이다. 두 극단을 벗어난 것이 중도다. 중도만이
진정한 행복으로 이끈다. 고행은 자기 억제를 집착
하여 인간의 지성을 나약하게 한다. 그래서 고통스
럽고 무지하고 유익하지 않다. 고행을 집착하면 고
통스러운 것을 즐겨 어리석음에 빠진다. 탐욕은 욕
망을 집착하여 인간의 발전을 퇴보시킨다. 그래서
저속하며 세속적이고 무지하고 이익이 없다. 탐욕
을 집착하면 감각적 욕망의 늪에 빠져 괴롭게 산다.
그러나 정신적 물질적 즐거움을 완전히 배제해서도
안 된다. 이것은 또 다른 고행이기 때문이다. 중도
는 팔정도로 대상을 있는 그대로 알아차려서 양극
단에서 벗어나는 지혜다.

어리석은 사람은 나서지 말아야 할 때 나서고, 나서야 할 때 나서지 않는다. 지혜가 있는 사람은 나서지 말아야 할 때 나서지 않고, 나서야 할 때 나선다. 어리석은 사람은 물러나야 할 때 고이 물러나지 않고 해를 끼친다. 그래서 끝을 아름답게 장식하지 못하여 물러남의 의미를 갖지 못한다. 지혜가 있는 사람은 물러나야 할 때 고이 물러나서 해를 끼치지 않는다. 그래서 끝을 아름답게 장식하여 물러남의 의미를 갖게 한다. 어리석은 사람은 오직 자신을 위한 욕망으로 일을 하기 때문에 결국에는 일을 그르친다. 지혜가 있는 사람은 자신도 생각하고 남도 생각하며 일하기 때문에 가장 유익한 결과를 얻는다.

320

이상은 항상 높기 마련이고, 결과는 항상 초라하기
마련이다. 이상은 욕망이고, 결과는 현실이다.

321

남이 내게 찬사를 보내면 겸허하게 받아들이되 찬
사에 취하지 마라. 찬사는 훈장이 아니고 독배가 될
수 있다. 찬사를 있는 그대로 받아들이면 남의 비난
도 견딜 수 있다. 남의 찬사를 나의 것으로 생각하
지 마라. 남이 내게 보내는 찬사는 나의 것이 아니
고 남의 것이다. 남의 찬사는 그의 마음에 따라 일
어나는 것이라서 변하기 마련이다. 남의 찬사에 취
하면 자신의 내면을 성찰할 수 없다. 남의 말만 믿
고 일을 도모하면 낭패를 볼 수 있다. 마음은 조건
에 따라 순간순간 변한다. 내게 찬사를 보내는 마음
이 조금이라도 자기 뜻에 맞지 않으면 즉시 비난으
로 바뀔 수 있다. 남의 찬사는 찬사를 하는 사람의
마음이지 내 마음이 아니다.

322

아무리 괴로운 일이라도 죽는 것보다는 낫다.

323

남이 하는 비난에 대하여 다시 비난하지 마라. 비난은 비난하는 사람의 것이므로 자신의 것으로 끌어들이지 마라. 남의 비난을 내가 다시 비난하면 상대나 나나 다를 것이 없다. 남이 비난할 때는 비난하는 사람의 윤회가 상속된다. 내가 다시 비난하면 자신도 그 순간에 윤회가 상속된다. 이것이 세속의 악순환이다. 남이 비난할 때 내가 비난하지 않으면 그 순간 자신의 윤회가 상속되지 않는다. 이것이 출세간이다. 누구나 자신의 입장을 말할 수 있다. 객관성이 있고 없고는 별개문제다. 모두 자신의 수준에서 말하기 때문이다. 악의에 찬 비난은 비난을 하는 자가 과보를 받는다. 내가 그 업을 끌어들여서 상대와 똑같이 되지 말아야 한다.

324

갈 길을 모르는 사람이 범부고, 갈 길을 아는 사람
이 성자다. 범부는 갈 길을 몰라 끝없는 윤회를 하
고, 성자는 갈 길을 알아 윤회를 끝낸다.

325

나는 물이고 세상은 그릇이다. 물이 그릇을 거부할
수 없듯이 내가 세상을 거부할 수 없다. 그릇에 따
라서 물의 형태가 변하듯이 처해진 상황에 따라 맞
춰서 살아야 한다.

326

남의 마음이 내 마음 같기를 바라지 마라. 남의 마
음이 내 마음 같기를 바라는 것이 욕망이다. 남의
마음은 어쩔 수 없으므로 그냥 두어야 한다. 남의
마음을 존중할 때 내 마음이 존중 받는다. 내 마음
도 내 마음대로 되지 않는데 남의 마음을 어떻게 할
수 있겠는가. 내 마음을 그냥 지켜볼 수 있어야 남
의 마음도 그냥 지켜볼 수 있다.

327

한순간의 느낌으로 남을 배척하지마라. 한순간의
느낌이 평생의 불이익을 가져온다.

328

좋은 일에 취하여 집착하면 나쁜 일이 된다. 좋은
일을 알아차리면 좋은 일에 취하지 않아 나쁜 일이
되지 않는다. 좋은 일이라고 해서 다 좋은 것이 아
니다. 좋은 일도 항상 하지 않고 변하기 때문에 반
드시 괴로움이 생긴다. 그래서 괴로움의 원인은 좋
은 일 때문이다. 좋은 일이나 나쁜 일이나 모두 알
아차리면 좋은 일은 더 좋아지고, 나쁜 일도 좋아
진다.

끊어진 인연을 아쉬워 하지마라. 헤어질만해서 헤어졌다. 헤어진 인연을 집착하는 것은 과거의 느낌에 대한 집착이다. 기억 속에 있는 느낌을 집착하는 것은 감각적 욕망의 지배를 받고 있기 때문이다. 만났으면 언젠가는 반드시 헤어져야 한다. 다만 늦고 빠른 차이가 있을 뿐이다. 추억은 단지 추억으로 남겨 두어야 한다. 만남과 헤어짐을 무상의 법으로 보면 바람 부는 것처럼 자연스러운 일이다. 헤어진 사람들을 모두 아쉬워하면 어느 세월에 할 일을 하겠는가? 지나간 일은 그냥 흘러간 대로 내버려 두는 것이 지혜다. 수행자는 지나간 과거를 생각하지 않고 현재의 몸과 마음을 알아차린다. 이것이 최상의 행복이기 때문이다.

330

기억 때문에 살고, 기억 때문에 죽는다. 기억 때문
에 즐겁고, 기억 때문에 괴롭다. 기억은 불가피한
것이므로 기억하는 것을 알아차려야 한다.

331

즐거움이 없으면 괴로움이 있다. 그러므로 누구에
게나 즐거움이 있어야 한다. 즐거움을 기피하면 극
단적 고행이 되므로 중도가 아니다. 그러나 즐거움
이 해가 될 수도 있고, 유익한 즐거움이 될 수도 있
다. 감각적 욕망의 즐거움은 해가 되어 이내 괴로움
으로 변한다. 유익한 즐거움이 되기 위해서는 욕망
으로 하지 않아야 한다. 그래서 즐거움이 괴로움으
로 바뀌지 않는 중도의 즐거움이 필요하다. 매사를
욕망으로 하지 말고 단지 필요해서 해야 한다. 욕망
으로 하지 않고 단지 필요해서 하는 것이 중도의 즐
거움이다. 중도의 즐거움이 가장 수승한 즐거움이
다. 이런 즐거움을 통하여 궁극에는 열반이란 지고
의 행복을 얻는다.

332

꿈속에서는 절박한 문제가 잠에서 깨면 아무것도 아니다. 이것은 세간의 절박한 문제가 출세간에서는 아무것도 아닌 것과 같다.

333

세상은 일어나지 말아야 할 일이 언제든지 일어날 수 있다. 일어나서는 안 되는 불행이 남의 일이 아니고 내 일이 될 수도 있다. 불행한 일이 일어났다고 절망만 하고 있어서는 안 된다. 누구에게나 반드시 일어날만한 조건이 성숙되었기 때문에 일어난다. 이미 일어난 일을 절망만 하고 있으면 불행이 계속된다. 그러나 일어난 일을 있는 그대로 알아차리면 불행이 더 이상 지속되지 않는다. 불행한 일은 단지 알아차려야 할 대상이다. 일어난 고통이 한 번에 그치도록 하기 위해서는 고통을 겪고 있는 현재의 마음을 알아차려야 한다. 고통을 겪는 마음을 알아차리면 있는 마음은 사라지고 새롭게 청정한 마음이 생겨 괴로움이 사라진다.

옹달샘

12

누구에게나 꿈은 필요하다.

이상이 없으면 희망이 없다.
그러나 실현할 수 없는 꿈은 망상이다.
실현 가능한 꿈이 이상이다.
헛된 꿈이 되지 않기 위해서는 현실에 기초한 꿈을 가져야 한다.

<h1 style="text-align:center">334</h1>

몸과 마음을 있는 그대로 본다는 것은 대상을 선입관 없이 알아차리는 것이다. 몸과 마음을 있는 그대로 알아차리면 거기에는 오직 일어나고 사라지는 무상밖에 없다. 이러한 무상의 성품을 보아야 비로소 있는 그대로 보았다고 말할 수 있다.

<h1 style="text-align:center">335</h1>

즐거움에서 보람을 느끼고, 괴로움에서 희망을 느끼고, 덤덤함에서 지혜를 느껴라. 사람이 사는 것이 즐겁거나 괴롭거나 덤덤한 일 중의 하나다. 어떤 때나 있는 그대로 알아차려서 보람과 희망과 지혜를 얻어야 한다. 즐거움을 알아차리지 못하면 보람이 아닌 욕망에 빠진다. 괴로움을 알아차리지 못하면 희망이 아닌 슬픔과 비탄에 빠진다. 덤덤함을 알아차리지 못하면 지혜가 아닌 어리석음에 빠진다. 있는 그대로 알아차리지 못하면 번뇌의 노예로 산다. 있는 그대로 알아차리면 번뇌의 속박에서 벗어나 해탈의 자유를 얻는다.

336

누구에게나 꿈은 필요하다. 이상이 없으면 희망이 없다. 그러나 실현할 수 없는 꿈은 망상이다. 실현 가능한 꿈이 이상이다. 헛된 꿈이 되지 않기 위해서는 현실에 기초한 꿈을 가져야 한다.

337

남에게 좋은 일을 하고 대우 받기를 바라지 마라. 좋은 일을 한 순간에 내 마음이 즐거웠으면 그것으로 선한 과보를 받았다. 상대에게 좋은 일을 한 과보는 꼭 상대에게서만 받는 것이 아니다. 내가 행한 선한 과보는 언제 어떻게 되돌아올지 아무도 모른다. 선한 과보는 적절한 조건이 성숙되면 나도 모르는 사이에 다양한 형태로 돌아온다. 상대에게 좋은 일을 하고 합당한 대우를 받지 못했을 때 상대를 비난하면 좋은 일을 하고도 나쁜 과보를 받게 된다. 좋은 일을 하고도 나쁜 과보를 받는다면 지극히 어리석은 행위다. 좋은 일이 아무런 결함이 없이 더 좋은 일이 되도록 하기 위해서는 어떤 결과도 기대해서는 안 된다.

338

세상의 일을 보거나 자신의 몸과 마음에 관한 일을 볼 때 무상, 고, 무아를 보는 것은 바른 법을 보는 것이다. 바른 법은 세상을 관용으로 받아들이고 욕망과 집착이 끊어져 자유를 얻게 한다.

339

법은 알아차릴 대상이면서 진리다. 대상의 법을 알아차리면 진리의 법이 드러난다. 처음에 몸과 마음을 있는 그대로 알아차리면 원인과 결과라는 기본 도에 이른다. 계속해서 알아차리면 위빠사나의 지혜라는 예비단계의 도에 이른다. 마지막으로 무상, 고, 무아를 알아서 열반이란 성스러운 도에 이른다. 진리는 누가 가져간다고 해서 줄어들지 않는다. 오히려 서로가 나눌수록 커진다. 진리를 혼자서 독점하려고 하면 결코 발견하지 못한다. 진리는 시간과 공간을 초월하여 항상 그것 자체로 변함없이 실재한다. 진리는 실재하지만 오직 아는 자의 것이다. 진리를 안다고 해두 저마다의 수준만큼 안다. 그리고 자기가 안만큼의 행복을 얻는다.

모든 것은 변한다. 세상의 모든 것들은 변하고 그것을 체험하는 자신의 몸과 마음도 변한다. 그러므로 변하지 않는 것이 없다. 변하는 것은 조건에 따라 일어난다. 조건에 따라 일어난 것은 반드시 조건에 따라 사라진다. 그러므로 모든 것은 일어나서 사라진다. 모든 것이 일어나서 사라지고 끝나지만 새로운 일어남을 일으키고 사라진다. 하지만 일어나고 사라지는 변화도 언젠가 끝날 때가 있다. 변화는 두 가지가 있는데 계속 일어나고 사라지는 변화가 있고, 일어나고 사라지는 것이 끝나는 변화가 있다. 일어나고 사라지는 것이 연속되는 변화가 윤회다. 일어나고 사라지는 것이 끝나는 변화가 조건이 소멸한 윤회의 끝이다.

어리석은 사람은 스스로 잘못되기를 바란다. 지혜로운 사람은 스스로 잘 되기를 바란다. 어리석은 사람은 선한 일과 선하지 못한 일을 구별하지 못한다. 그래서 선하지 못한 일을 선한 일로 알고, 선한 일을 선하지 못한 일로 안다. 지혜로운 사람은 선한 일과 선하지 못한 일을 구별한다. 그래서 선하지 못한 일을 선하지 못한 일로 알고, 선한 일을 선한 일로 안다. 어리석은 사람은 스스로 잘못되기 위해서 열심히 노력한다. 지혜로운 사람은 스스로 잘 되기 위해서 열심히 노력한다. 잘못되는 것도 자신이 바라고 노력해서 된다. 잘 되는 것도 자신이 바라고 노력해서 된다. 선하고 선하지 못한 것은 오직 자신의 선택으로 결정된다.

누구도 과거의 일로부터 자유로울 수 없다. 그래서 현재의 일이 자유롭지 못하다. 과거에 한 일로 인해서 생긴 과보가 현재를 지배하고 있기 때문이다. 현재가 자유롭지 못하면 미래의 일도 자유로울 수 없다. 자유롭지 못한 현재가 미래를 지배하기 때문이다. 이것이 윤회하는 세계의 질서다. 그러나 과거의 일을 있는 그대로 알아차리면 과거는 단지 과거에 그치고 만다. 수행자는 과거가 현재에 영향을 미치지 못하도록 해야 한다. 과거는 단지 과거의 일이라고 알아차릴 때만이 과거가 현재로 계승되지 않는다. 또 현재를 알아차려서 현재의 번뇌가 미래로 계승되지 않도록 해야 한다. 어떤 현재를 만드는가에 따라 미래가 결정된다.

칭찬이라고 해서 모두 좋은 것이 아니다. 칭찬이 긍정적인 효과를 일으키지만 지나치면 부정적인 결과를 낳는다. 칭찬이 지나치면 독이 되어 오히려 교만심을 키울 수 있다. 충고를 한다고 해서 모두 좋은 것이 아니다. 충고가 긍정적인 효과를 일으키지만 지나치면 부정적인 결과를 낳는다. 충고가 지나치면 독이 되어 오히려 반항심을 키울 수 있다. 아무리 뜻이 좋다고 해도 말해야 할 것이 있고, 말하지 말아야 할 것이 있다. 무슨 말이나 지나치면 오히려 나쁜 결과가 생기므로 알맞게 말해야 한다. 바르게 말하기 위해서는 알아차리면서 말해야 한다. 알아차리면서 말하면 자기감정을 개입시키지 않고 중도적 관점에서 말할 수 있다.

344

가족 간의 잔소리를 귀찮아하지 마라. 잔소리는 나를 해치는 것이 아니다. 오히려 나에 대한 관심이다. 잔소리조차 없다면 사랑이 식어 무관심한 것이다.

345

즐거움이 괴로움이 되지 않도록 하기 위해서는 즐거울 때 알아차려야 한다. 즐거움을 알아차리지 못해서 괴로움이 되었다면 다시 괴로움을 알아차려야 한다. 그러면 괴로움이 다시 즐거움으로 바뀐다. 이 때의 즐거움은 감각적 욕망이 아닌 괴롭지 않은 즐거움이다. 괴롭지 않는 것이 즐거움이라고 아는 것이 지혜다.

흙탕물을 깨끗하게 하기 위해서는 맑은 물을 끼얹어야 한다. 흙탕물을 없애기 위해서 다시 흙탕물을 끼얹으면 깨끗해질 수 없다. 흙탕물은 욕망이고 맑은 물은 알아차림이다. 무슨 일이나 욕망을 가지고 하면 다시 흙탕물을 끼얹는 것이다. 단지 대상을 있는 그대로 알아차리는 것이 맑은 물을 끼얹어 흙탕물을 없애는 것이다. 수행자가 대상을 알아차린다고 해도 알아차림에는 순도가 있기 때문에 처음부터 대상을 있는 그대로 보기가 어렵다. 알아차림의 순도가 낮으면 맑은 물과 흙탕물이 혼합된 탁한 물이다. 그러므로 알아차림의 청정도에 따라 번뇌를 소멸시키는 결과가 다르다. 알아차림의 순도는 노력과 집중의 비율로 결정된다.

지식이 있으면 생각하거나 말하는 수준에서 머물지만, 지혜가 있으면 생각하거나 말 한 그대로 실천한다. 사유에 그치고 실천이 없으면 법을 완전하게 알지 못한다. 생각한 대로 실천을 할 때만 법의 성품을 완전하게 안다. 지식으로는 번뇌를 끊지 못하지만 지혜는 번뇌를 끊어버린다. 지식은 생각으로 알아서 겉으로만 알지만 지혜는 완전하게 알아서 번뇌가 끊어진다. 지식의 과정에 머물지 않고 지혜를 얻기 위해서는 반드시 수행을 해야 한다. 이러한 지혜는 관념이 아닌 몸과 마음의 느낌을 알아차리는 수행을 할 때만이 성숙된다. 몸과 마음을 가지고 살면서 생긴 문제는 오직 몸과 마음의 구체적 진실을 알 때만이 극복할 수 있다.

인간은 본능으로부터 자유로울 수 없다. 인간이 본능대로 살면 동물적이지만 이성으로 살면 바르게 산다. 본능이 작용할 때는 사회규범에 어긋나는 행위를 한다. 이성이 작용할 때는 사회규범에 맞는 행위를 한다. 누구나 본능과 이성을 함께 가지고 살지만 본능이 강하게 작용할 때는 도덕적 기준이 허물어진다. 사람이 사는 세상에는 본능 때문에 항상 있을 수 없는 일이 일어난다. 감각적 욕망의 본능을 억제하는 알아차림이 없으면 누구도 잘못으로부터 자유로울 수 없다. 현재 내가 이성적이라고 해도 과거에 본능이 지배할 때의 습성이 있다. 이러한 본능을 죄악시하지 말고 단지 알아차릴 대상으로 삼아야 이성적으로 살 수 있다.

349

욕망은 집착을 낳는다. 집착은 속박이다. 속박은 괴
로움이다. 욕망이 없으면 집착하지 않는다. 집착하
지 않는 것이 자유다. 자유는 즐거움이다.

350

좋아하거나 싫어하지 않으면 아무런 이해에 걸리
지 않는 중도를 구현한다. 중도를 지키는 것이 행복
이다. 좋아하거나 싫어하면 반드시 이해에 걸려 중
도를 구현할 수 없다. 중도를 지키지 않으면 불행이
찾아온다. 좋아하거나 싫어하지 않으면 괴로움이
없어 평화를 얻는다. 좋아하거나 싫어하지 않으면
대상을 있는 그대로 본다. 대상을 있는 그대로 볼
때만이 지혜를 얻어 번뇌로부터 자유로워진다.

괴로움은 한순간에 일어났다가 사라지지만 마음이 이것을 기억하여 괴로움을 지속시킨다. 마음은 한 순간에 하나밖에 없다. 최초에 일어난 괴로운 마음은 단지 한순간의 마음이다. 그러나 어리석음이 이 마음을 지속시켜 괴로움을 키운다. 이때의 지속이 윤회다. 한순간에 일어났다 사라지는 것을 아는 무상의 지혜가 나면 괴로움이 소멸한다. 이런 지혜를 얻기 위해 대상을 있는 그대로 알아차려야 한다. 괴로움을 알아차리면 알아차리는 새로운 마음이 일어나 있던 괴로움이 사라진다. 이때 괴로움이 다음 마음으로 전해지지 않아 순간의 윤회가 멈춘다. 그러나 알아차리다 말면 사라졌던 괴로움이 다시 나타나 새로운 윤회를 한다.

미친 사람이 춤을 춘다고 따라서 추지마라. 탐욕스런 사람이 욕심을 부린다고 따라서 부리지 마라. 화를 잘 내는 사람이 욕을 한다고 따라서 욕하지 마라. 남이 무엇을 하든 그 사람일로 두고 자신의 길을 가야 한다. 상대가 하는 대로 하면 서로가 다를 것이 없다. 내가 어리석으면 어리석은 사람을 만나 닮아간다. 내가 현명하면 현명한 사람을 만나 닮아간다. 내가 어리석은지 현명한지 모를 때는 자신의 몸과 마음을 알아차려야 한다. 그러면 어리석은 마음이 현명한 마음으로 바뀐다. 어리석은 사람과 어울려 살면 아직 선업의 과보가 무르익지 않았기 때문이다. 선업의 과보를 만들려면 먼저 자신의 몸과 마음을 알아차려야 한다.

이 세상에는 사회적 시각이 있고, 자신의 시각이 있다. 세상의 일이 나의 생각과 같지 않다고 괴로워하지 마라. 이 세상은 서로 다른 시각이 있어 발전할 수 있다. 서로 다른 시각이 조화를 이룰 때 진정한 평화가 있다.

진리는 모든 사람들에게 공통의 가치를 지닌다. 진리는 인간이 가지고 있는 본질적 문제에 대한 답을 제시할 수 있다. 완전한 답을 제시할 수 없으면 진리라고 말할 수 없다. 최상의 진리는 괴로움뿐인 윤회에서 벗어나는 길을 밝힌다. 괴로움이 있고, 괴로움의 원인은 집착이고, 괴로움의 소멸은 열반이고, 괴로움의 소멸에 이르는 길은 팔정도다. 이 네 가지 성스러운 진리만이 모든 번뇌에서 벗어나게 한다.

모든 번뇌로부터 벗어날 수 있는 해탈의 진리는 신을 중심으로 한 것보다 인간을 중심으로 한 것일 때 더 진실하다. 인간의 번뇌는 오직 인간의 존재에 대한 바른 견해가 생길 때만이 제거될 수 있다. 인간의 시원은 알 수 없으며 단지 조건에 의해 생기고 조건에 의해 소멸한다. 조건에 의해 일어난 것은 조건에 의해 사라진다. 조건이 없으면 일어나지 않아 소멸할 것이 없다. 진리는 대상을 있는 그대로 볼 때만 발견할 수 있다. 진리는 있는 그대로의 것이며 논쟁의 여지가 없어야 한다. 진리는 누군가가 발견하지 않아도 원래 있는 것이다. 역대의 모든 붓다는 원인과 결과라는 진리를 발견하여 인류에게 괴로움을 해결하는 길을 열었다.

죽지 못해 사는가, 살기 위해 사는가? 어차피 죽을 때가 되면 죽는다. 그러니 사는 동안에는 잘살아야 한다. 죽고 사는 것이 자신의 뜻대로 되는 것 같지만 과보로 살고 과보로 죽는다. 그러므로 죽고 사는 문제에 매달리지 말고 사는 날까지는 사는 것처럼 살아야 한다. 과거의 원인으로 현재의 삶이 불가피하지만 현재의 삶이 모두 과거에만 의존하는 것은 아니다. 현재의 몸과 마음을 알아차리면 새로운 현재의 원인을 만들어 현재에도 행복하고 미래에도 행복하게 산다. 현재의 몸과 마음을 알아차려서 행복하게 살면 죽음을 기다리며 살지 않고 죽음을 극복하며 산다. 이것이 극복할 수 없는 죽음을 극복하는 단 하나의 길이다.

<h1 style="text-align:center">357</h1>

비었다는 것은 아무것도 없다는 것이 아니고 실체가 없는 것을 말한다. 몸과 마음은 있지만 부르기 위한 명칭이지 실재가 아니다. 몸과 마음의 실재는 느낌인데 이것은 항상 변하고, 이것을 소유한 자아는 없다. 그러므로 관념의 몸과 마음은 있지만 실재의 몸과 마음은 비어있다.

<h1 style="text-align:center">358</h1>

선한 마음으로 알아차리면 생각하면서 지혜가 나고, 말하면서 지혜가 나고, 행위를 하면서 지혜가 난다. 이런 작은 지혜가 모여 더 큰 지혜를 얻어 즐겁게 살뿐만 아니라 궁극의 열반에 이른다. 선하지 못한 마음으로 알아차리지 못하면 어리석은 생각을 하고, 어리석은 말을 하고, 어리석은 행위를 한다. 이런 작은 어리석음이 모여 더 큰 어리석음을 가져 괴롭게 살뿐만 아니라 결국에는 사악도에 태어난다.

뜻이 어디에 모아졌는가에 따라 삶의 가치가 다르다. 가장 이상적인 뜻은 존재의 진실을 아는 것이다. 이런 뜻은 저절로 생기지 않는다. 감각적 욕망이 아닌 성스러운 뜻이 세워지기 까지는 많은 세월 동안의 선한 공덕이 있어야 한다. 바라밀 공덕이 있을 때만이 훌륭한 뜻을 세울 수 있다. 이런 뜻을 세웠으면 지적으로 사유하는 것에 머물러서는 안 된다. 성스러운 진리를 알기 위해서는 몸과 마음을 알아차리는 수행을 해야 한다. 그래야 훌륭한 뜻이 결실을 맺을 수 있다. 세속의 이상은 관념이라서 완전하지 않아 윤회를 끊을 수 없다. 출세간이 지혜는 완전해서 고통뿐인 윤회를 끊을 수 있다.

사람들은 정의라는 이름으로 자신의 생각과 말과 행위를 합리화한다. 무엇이 정의인가? 선입관을 갖지 않고 있는 그대로 알아차려서 자신이 괴롭지 않은 것이 정의다. 그러면 남을 괴롭히지 않는 정의가 따른다.

성공과 실패는 하나의 과정이다. 성공이 실패가 되고 실패가 성공이 된다. 욕망으로 이룬 성공은 욕망으로 인해 실패한다. 욕망 없이 이룬 성공만이 실패가 없다. 욕망은 이기적이고, 욕망이 없어야 이타적이다. 세간의 법에는 욕망이 있고, 출세간의 법에는 욕망이 없다. 욕망이 있으면 괴로움뿐인 윤회를 하고, 욕망 없으면 괴로움이 소멸하여 윤회가 끝난다.

생각이 다른 사람과 만날 때는 견해가 다른 문제를 거론하지마라. 이때는 그냥 만남 이상의 의미를 두지마라. 서로가 자신의 생각을 굽히지 않고 상대를 설득하려고하면 오히려 골이 깊어진다. 골이 깊어지면 자신의 괴로움은 물론이고 상대에게도 괴로움을 준다. 특히 종교나 사상은 바꾸기 어렵다. 바꾸기 어려운 것을 바꾸려는 것은 상대를 굴복시키는 것이라서 평화가 없다. 서로의 다름을 존중하는 것이 종교의 숭고함이며 사상의 가치다. 모든 것이 똑같을 수는 없다. 설령 같다고 해도 나중에는 미세한 차이로 균열이 시작된다. 이런 미세한 차이가 결국 더 큰 분열을 가져온다. 그래서 항상 모든 것을 있는 그대로 지켜보아야 한다.

괴로움은 누구에게나 있는 일상적인 것이다. 괴로움은 미세한 괴로움과, 중간 괴로움과, 거친 괴로움이 있다. 거친 괴로움은 견디기 힘든 고통이며, 중간 괴로움은 이따금씩 느낄 수 있는 고통이고, 미세한 괴로움은 고통스러운지 알기가 어렵다. 괴로움은 지금 이전의 과거로부터 내려 왔기 때문에 거역할 수 없고, 현재의 괴로움이 다시 미래로 간다. 괴로움은 과거의 무명과 행위로 인해 현재로 왔다. 현재의 괴로움이 갈애와 집착과 업의 생성으로 인해 미래로 간다. 괴로움으로부터 벗어나기 위해서는 몸과 마음을 알아차려서 새로운 갈애가 일어나지 않도록 해야 한다. 그래야 과거, 현재, 미래로 연결되는 괴로움의 흐름이 끊어진다.

자신의 뜻대로 되었다고 너무 자만하지마라. 될 만한 조건이 성숙되어서 된 것이다. 내가 원하는 대로 되었다고 자만하면 잘된 일로 인해 오히려 괴로움에 빠질 수 있다. 잘된 일을 자만하지 않고 있는 그대로 알아차리면 욕망이 생기지 않아 새로운 위험에 빠지지 않는다. 자신의 뜻대로 되지 않았다고 너무 괴로워하지 마라. 되지 않을만한 조건이 성숙되어서 되지 않은 것이다. 내가 원하는 대로 되지 않았다고 괴로워하면 자신을 학대한다. 잘 되지 않은 일을 괴로워하지 않고 있는 그대로 알아차리면 오히려 지혜가 난다. 모든 일은 그렇게 될 만한 조건이 성숙되어서 그렇게 되었다. 어떤 결과가 있거나 겸허하게 받아들여야 한다.

지나고 보니 모두 쓸데없는 짓이었다고 생각하지 마라. 지나고 보면 모든 것이 일어나고 사라지는 것밖에 없다. 이 세상에 쓸데없는 짓은 없다. 모두가 그렇게 될 만해서 된 것이므로 나름대로의 의미가 있다. 쓸데없는 짓이라고 생각하면 후회하는 것이다. 지나간 일을 후회하는 것은 선하지 못한 행위다. 후회는 이루지 못한 것에 대한 욕망이다. 누구나 완전할 수 없다. 쓸데없는 짓 속에 지혜가 있다. 지나간 일은 이미 일어나서 사라졌고, 이것을 안 마음도 일어난 순간에 사라졌다. 바람처럼 스쳐지나가면서 일어나고 사라지는 현상밖에 없다고 알았으면 바르게 안 것이다. 이제 지나간 것은 그대로 두고 새로운 현재를 알아차려야 한다.

위빠사나문고 **옹달샘 4**

집착할 것이 없어 행복하다

2013년 4월 10일 1판 1쇄 인쇄
2013년 4월 11일 1판 1쇄 발행

지은이 | 묘원
펴낸이 | 곽준
디자인 | (주)아이나래(02-2272-8458)

펴낸곳 | (주)도서출판 행복한 숲
등 록 | 2004년 2월 10일 제16-3243호
주 소 | 서울시 강남구 논현동 98-12 청호불교문화원 나동 306호
전 화 | 02-512-5255, 512-5258
팩 스 | 02-512-5856
이메일 | sukha5255@hanmail.net
카 페 | cafe.daum.net/vipassanacenter

ⓒ묘원, 2013

ISBN 978-89-93613-35-3
값 8,000원

잘못 만들어진 책은 바꾸어 드립니다.